一学就会的实战官子课

张 瑞 编著

辽宁科学技术出版社
沈阳

图书在版编目（CIP）数据

一学就会的实战官子课：初级 / 张瑞编著. —沈阳：辽宁科学技术出版社，2022.6
ISBN 978-7-5591-2525-5

Ⅰ.①—… Ⅱ.①张 Ⅲ.①官子（围棋）—基本知识 Ⅳ.①G891.3

中国版本图书馆CIP数据核字（2022）第080558号

出版发行：辽宁科学技术出版社
　　　　　（地址：沈阳市和平区十一纬路25号　邮编：110003）
印　刷　者：辽宁新华印务有限公司
经　销　者：各地新华书店
幅面尺寸：170mm×240mm
印　　张：13
字　　数：150千字
印　　数：1～4000册
出版时间：2022年6月第1版
印刷时间：2022年6月第1次印刷
责任编辑：于天文
封面设计：潘国文
责任校对：尹　昭　王春茹

书　　号：ISBN 978-7-5591-2525-5
定　　价：48.00元

联系电话：024-23284740
邮购热线：024-23284502
E-mail:mozi4888@126.com
http://www.lnkj.com.cn

序言

围棋与琴书画合称为中国古代四大艺术，雅韵别致，乾坤高远。"山僧对棋坐，局上竹阴清"是清幽恬淡、虚化空无，"白头灯影凉宵里，一局残棋见六朝"是大江东去、往事如烟，"人心无算处，国手有输时"是世事无常、莫患得失，"有约不来过夜半，闲敲棋子落灯花"是淡雅安宁、期盼美好……学习围棋，可陶冶性情，可令生命芳香。

棋子"天圆而动"，棋盘"地方而静"。围棋对弈阶段常有三：布局、中盘、官子。其中，"官子"是指双方经过中盘的战斗，地盘及死活已经大致确定之后，确立竞逐边界的阶段。人生如棋，棋如人生，最后时刻，难如布局之豪情擘画、中盘之攻城略地；却是机遇和风险并存，更加考验棋手的细心、耐心。围棋之妙在于"一着不慎，满盘皆输"，收官处若能秉初守拙，或可一路高歌，或能柳暗花明。

笔者6岁学棋，9岁进省队，11岁获全国少年赛女子冠军，13岁成为职业棋手，14岁入选国家女子围棋队，结合前辈智慧和自身感悟，将官子的分类、价值计算和实战技巧等要点归类总结。在创作过程中，笔者也得到了多位专家老师指导，在此深表感激。

祝愿所有围棋爱好者，拥一方优雅秘境，得一片广阔天地，得其中之奥妙。

目录

第一章　官子的分类

官子一般分为三大类，分别是双方先手官子（双先官子）、单方先手官子（单先官子）和后手官子。

双先官子是指双方下在这里都是先手收官。

单方先手官子是指其中一方下是先手收官，另外一方下是后手收官。因为后手的这方抢占了对方的先手，所以后手的这一方又称为逆收官子。

后手官子是指双方收官都是后手结束。

官子的优先顺序：双先官子>单先官子>逆收官子>后手官子。

例题讲解

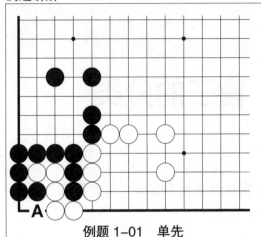

例题 1-01　单先

例题 1-01　单先

黑先：请问 A 位是什么类型的官子？

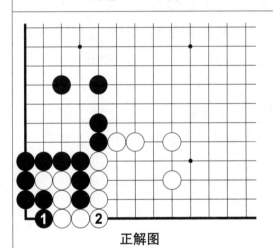

正解图

正解图

黑 1 位打吃是先手。

如白棋先下到 1 位是后手，见参考图。

得出结论：黑 1 是单方先手官子。

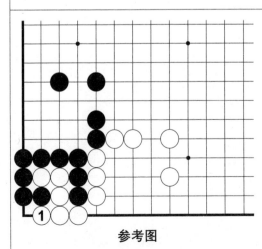

参考图

参考图

白先下，对黑棋无影响，白落后手。

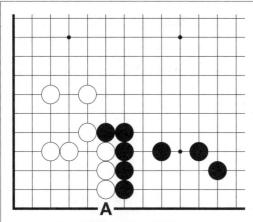

例题 1-02 双先

例题 1-02 双先

黑先：请问 A 位是什么类型的官子?

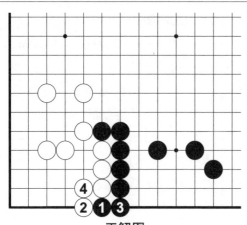

正解图

正解图

黑 1、3 扳粘先手收官。

如白棋先下到 3 位扳也是先手，见参考图。

得出结论：黑 1 是双方先手官子。

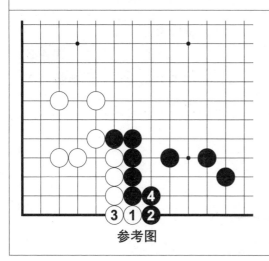

参考图

参考图

白先扳粘，黑也需要连接，否则被白在 4 位断吃，黑空所剩无几。

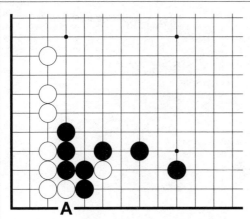

例题 1-03 逆收

黑先：请问 A 位是什么类型的官子？

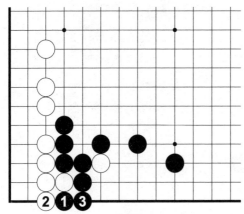

正解图

正解图

黑 1、3 扳粘，白棋脱先，白空没棋。

如白棋先下到 3 位扳是先手，见参考图。

得出结论：黑 1 虽是后手，但可以破坏对方的先手，所以 1 是逆收官子。

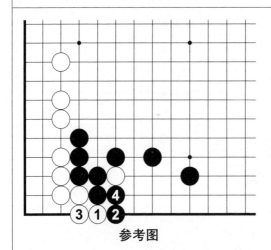

参考图

参考图

白棋扳粘先手，黑 4 必须要补，不然被白断吃一无所有。

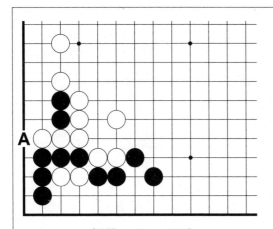

例题 1-04　双后

例题 1-04　双后

例题 1-04　双后

黑先：请问 A 位是什么类型的官子？

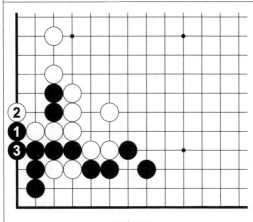

正解图

正解图

黑 1、3 扳粘，白棋脱先。

白棋先下也是后手，见参考图。

得出结论：黑 1 是双方后手官子。

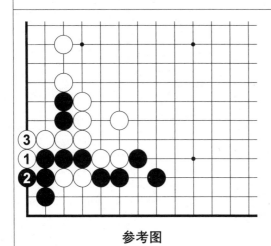

参考图

参考图

白棋先扳粘，黑空也无须补棋，所以白先下也是后手收官。

习题练习（全部黑先）

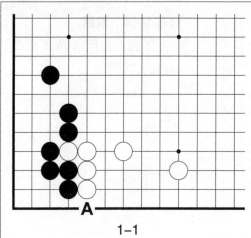

1-1

　　黑先：请问 A 位是什么类型的官子？

1-1

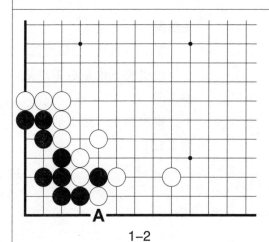

1-2

　　黑先：请问 A 位是什么类型的官子？

1-2

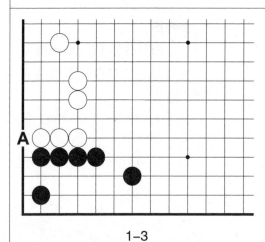

1-3

　　黑先：请问 A 位是什么类型的官子？

1-3

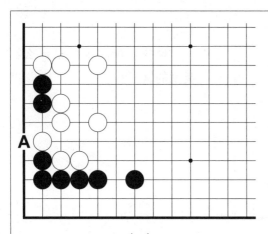

1-4

　　黑先：请问 A 位是什么类型的官子？

1-4

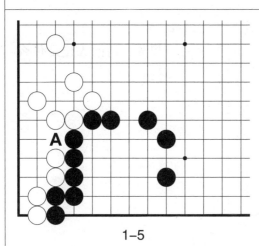

1-5

　　黑先：请问 A 位是什么类型的官子？

1-5

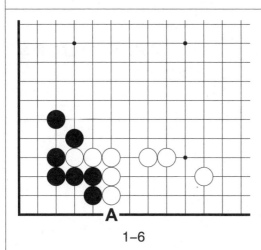

1-6

　　黑先：请问 A 位是什么类型的官子？

1-6

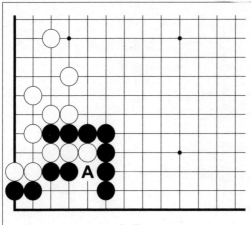

1-7

　　黑先：请问 A 位是什么类型的官子？

1-7

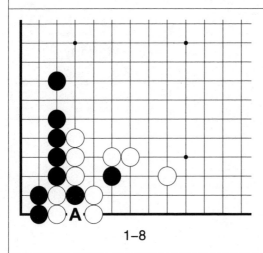

1-8

　　黑先：请问 A 位是什么类型的官子？

1-8

1-9

　　黑先：请问 A 位是什么类型的官子？

1-9

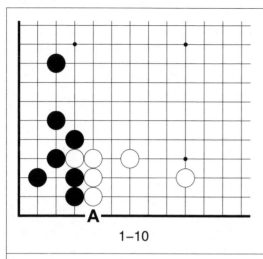

1-10

1-10

黑先：请问 A 位是什么类型的官子？

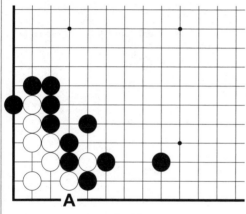

1-11

1-11

黑先：请问 A 位是什么类型的官子？

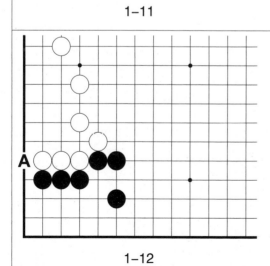

1-12

1-12

黑先：请问 A 位是什么类型的官子？

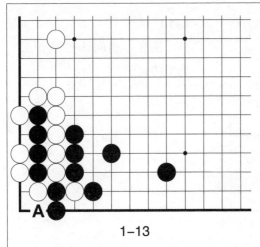

1-13

1-13
黑先：请问 A 位是什么
类型的官子？

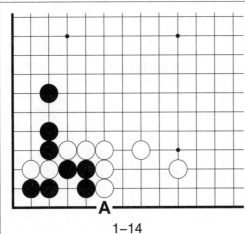

1-14

1-14
黑先：请问 A 位是什么
类型的官子？

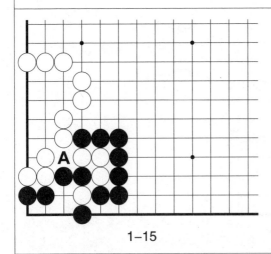

1-15

1-15
黑先：请问 A 位是什么
类型的官子？

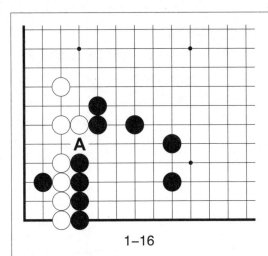

1-16

　　黑先：请问 A 位是什么类型的官子？

1-16

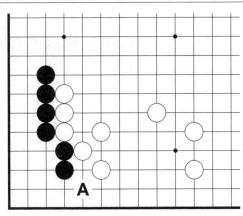

1-17

　　黑先：请问 A 位是什么类型的官子？

1-17

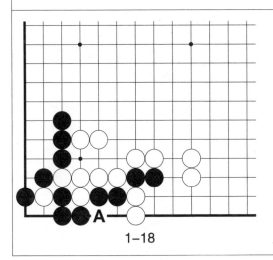

1-18

　　黑先：请问 A 位是什么类型的官子？

1-18

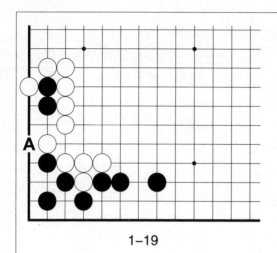

1-19

1-19

　　黑先：请问 A 位是什么类型的官子？

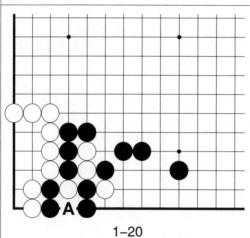

1-20

1-20

　　黑先：请问 A 位是什么类型的官子？

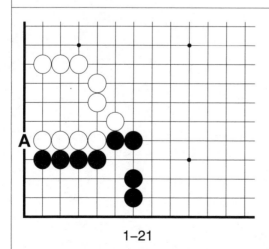

1-21

1-21

　　黑先：请问 A 位是什么类型的官子？

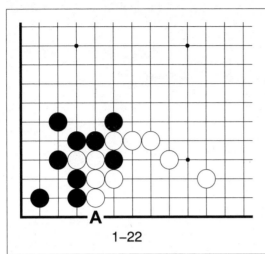

1-22

1-22

　　黑先：请问 A 位是什么类型的官子？

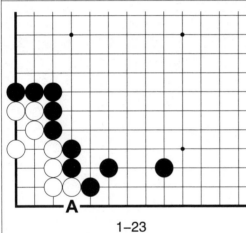

1-23

1-23

　　黑先：请问 A 位是什么类型的官子？

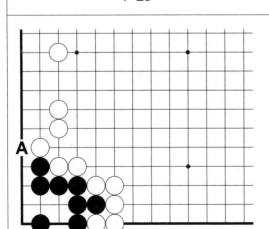

1-24

1-24

　　黑先：请问 A 位是什么类型的官子？

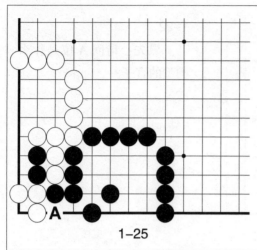

1-25

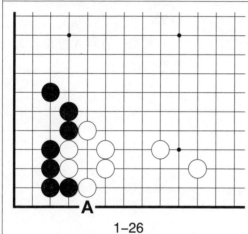

1-26

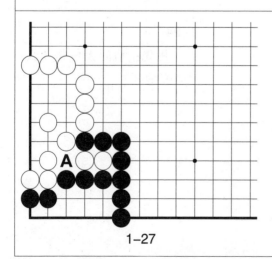

1-27

1-25

　　黑先：请问 A 位是什么类型的官子？

1-26

　　黑先：请问 A 位是什么类型的官子？

1-27

　　黑先：请问 A 位是什么类型的官子？

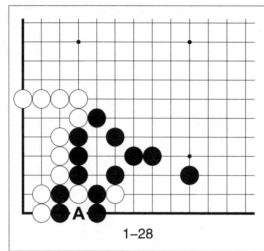

1-28

　　黑先：请问 A 位是什么类型的官子?

1—28

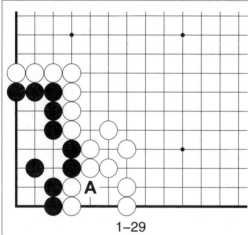

1-29

　　黑先：请问 A 位是什么类型的官子?

1—29

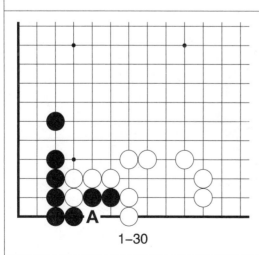

1-30

　　黑先：请问 A 位是什么类型的官子?

1—30

第二章　官子的价值

官子的价值是学习官子的核心部分，学会了计算官子的方法，我们就能在实战中判断官子的大小，做出正确的选择！计算官子价值的方法是有趣的加减法。计算的公式如下：自己增加的目+对方减少的目=此处官子的价值。让我们通过例题来了解计算官子的过程吧！

例题讲解

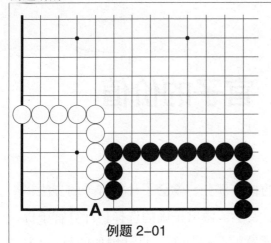

例题 2-01

例题 2-01

黑先：我们来计算一下A位扳是几目价值的官子。

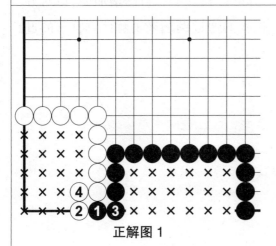

正解图 1

正解图 1

黑1先手扳粘，白角有18目，黑空有18目，接下来我们看白先收官。

计算官子价值的公式为，黑棋增加的目 + 白棋减少的目 = 这个官子的价值。

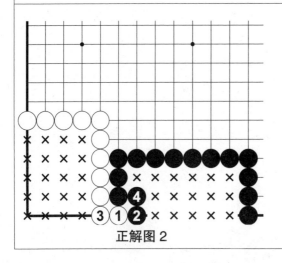

正解图 2

正解图 2

白先扳粘收官，白角此时有20目，黑空此时有16目；与正解图1相比较白角增加20-18=2目。黑空减少18-16=2目。通过计算得知，例题中黑A位扳粘可以增加2目，同时减少白角2目；黑棋A位的官子计算方法是黑棋增加2目加上白棋减少2目。得出结论：A是双先4目官子。

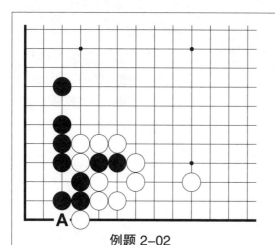

例题 2-02

下棋过程中经常会出现未定型结束的棋形。例如此时的 A 到底应该算是哪方的权利，我们通过变化图来找到答案。

例题 2-02

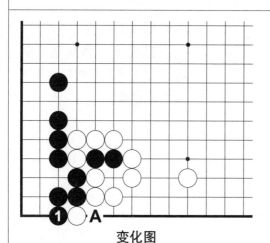

变化图

黑先下打吃，白棋未必会粘，因为接下来黑棋在 A 位提子依然是后手，白空只有轻微损失，所以黑 1 打吃几乎就是后手，除非在全局只剩 2 目官子的阶段才会成为先手，但是白棋一定会在这之前抢先下在一路爬收官。

变化图

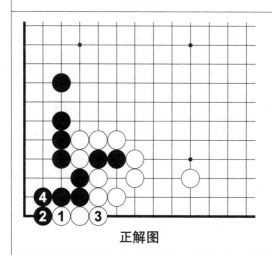

正解图

白先在此处收官，黑 4 需补断，黑 4 如脱先，白断吃，黑角损失巨大。经过 1 个变化图的比较，我们发现白棋先下到例题中的 A 可能性更大，例题中的 A 属于白棋的权利。所以对于实战中未定型完毕的棋形我们需要判断这是属于谁的先手。

正解图

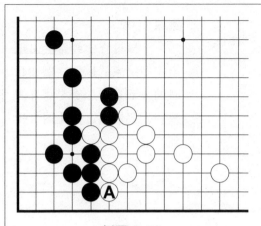

例题 2-03

例题 2-03

白棋刚刚下在 A 位挡收官，后续一路的官子应该怎么计算呢？应该算哪方的权利呢？让我们来一起探索吧。

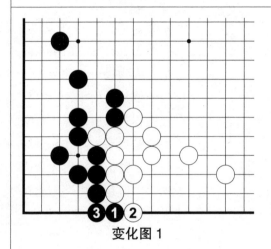

变化图 1

变化图 1

黑先下一路扳粘是后手，接下来我们看看白先下是什么结果。

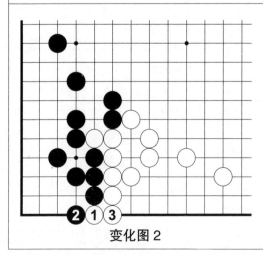

变化图 2

变化图 2

白先在一路扳粘也是后手，这该怎么判断呢？

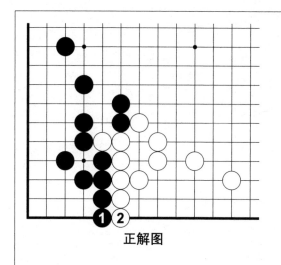

正解图

正解图

　　经过前两个变化图的比较，我们得知双方在一路收官均为后手，在这种情况下为了公平起见，算作双方立下，各围各空。这种情况在实战中很常见，但要注意一点：虽然是看成双方立下，但绝不是现在就下一路立。我们算作双方立下是为了方便数目和判断形势，要等全局只剩 2 目官子阶段才考虑在此处下棋。

习题练习（全部黑先）

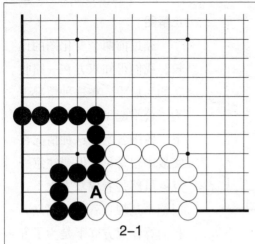

2-1

　　黑先：请问 A 位是几目官子？

2-1

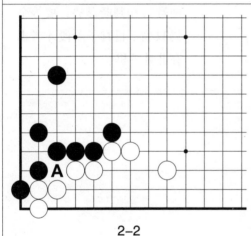

2-2

　　黑先：请问 A 位是几目官子？

2-2

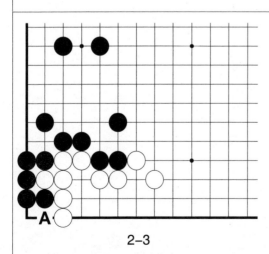

2-3

　　黑先：请问 A 位是几目官子？

2-3

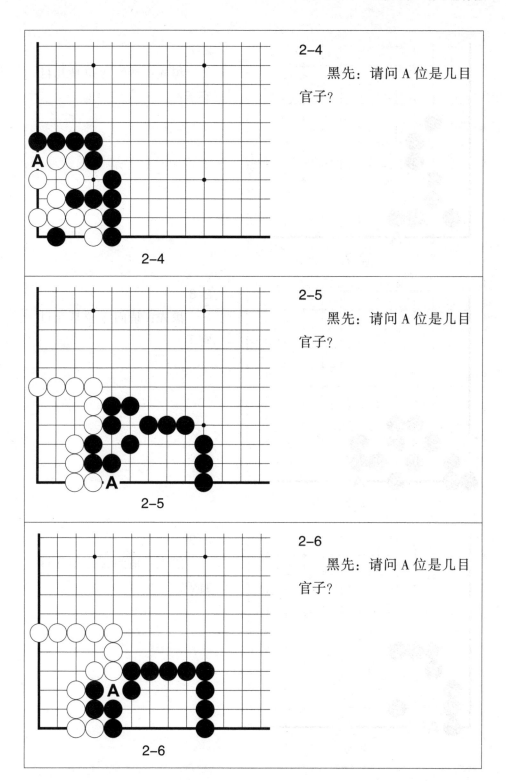

2-4

　　黑先：请问 A 位是几目官子？

2-4

2-5

　　黑先：请问 A 位是几目官子？

2-5

2-6

　　黑先：请问 A 位是几目官子？

2-6

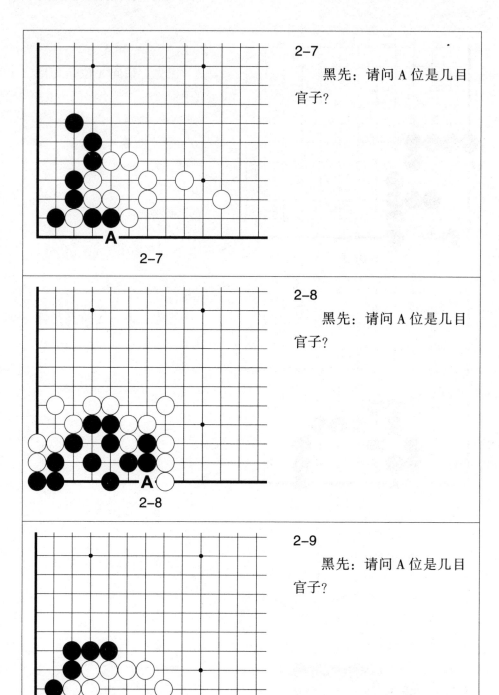

2-7

黑先：请问 A 位是几目官子?

2-7

2-8

黑先：请问 A 位是几目官子?

2-8

2-9

黑先：请问 A 位是几目官子?

2-9

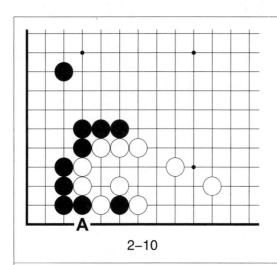

2-10

2-10
　　黑先：请问 A 位是几目官子？

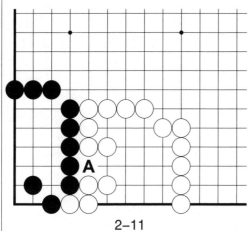

2-11

2-11
　　黑先：请问 A 位是几目官子？

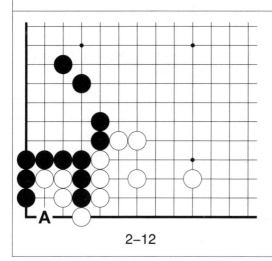

2-12

2-12
　　黑先：请问 A 位是几目官子？

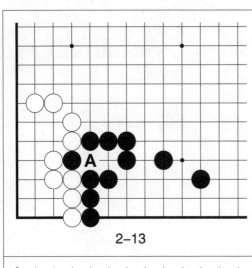

2-13

2-13

黑先：请问 A 位是几目
官子？

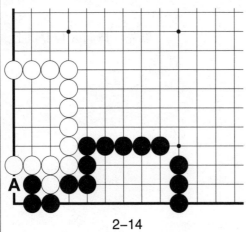

2-14

2-14

黑先：请问 A 位是几目
官子？

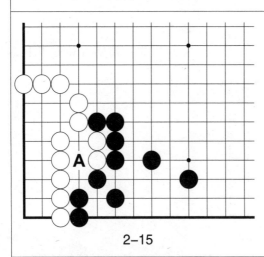

2-15

2-15

黑先：请问 A 位是几目
官子？

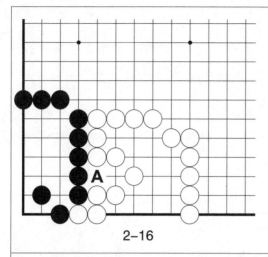

2-16

　　黑先：请问 A 位是几目
官子？

2-16

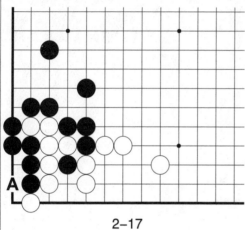

2-17

　　黑先：请问 A 位是几目
官子？

2-17

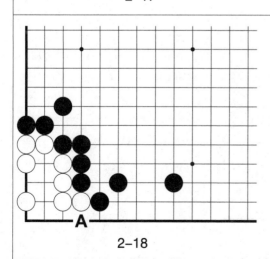

2-18

　　黑先：请问 A 位是几目
官子？

2-18

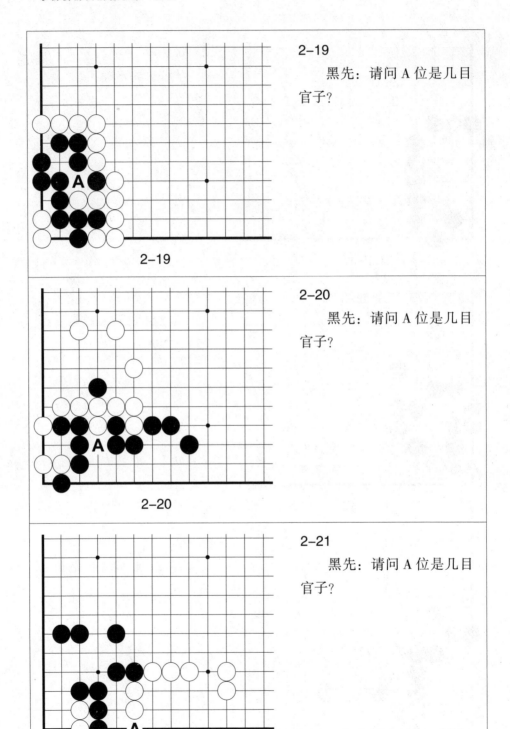

2-19

　　黑先：请问 A 位是几目官子？

2-19

2-20

　　黑先：请问 A 位是几目官子？

2-20

2-21

　　黑先：请问 A 位是几目官子？

2-21

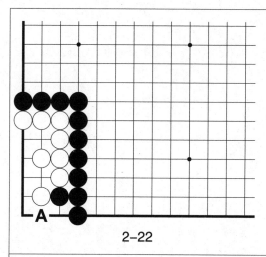

2-22

　　黑先：请问 A 位是几目官子?

2-22

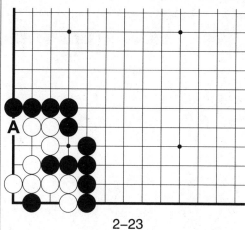

2-23

　　黑先：请问 A 位是几目官子?

2-23

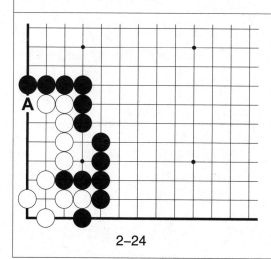

2-24

　　黑先：请问 A 位是几目官子?

2-24

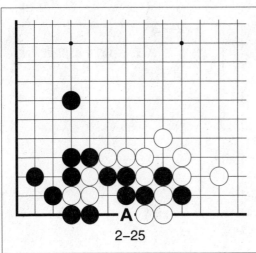

2-25

2-25
　　黑先：请问 A 位是几目官子？

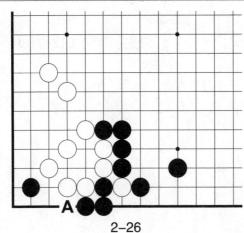

2-26

2-26
　　黑先：请问 A 位是几目官子？

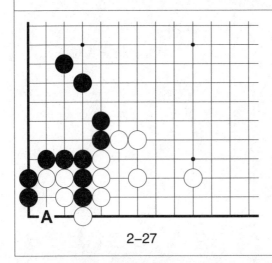

2-27

2-27
　　黑先：请问 A 位是几目官子？

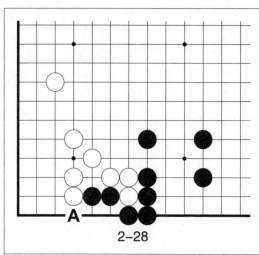

2-28

黑先：请问 A 位是几目官子？

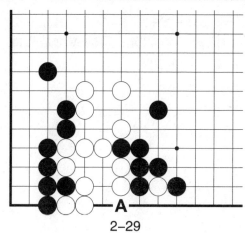

2-29

黑先：请问 A 位是几目官子？

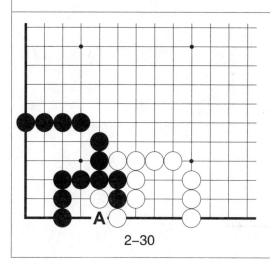

2-30

黑先：请问 A 位是几目官子？

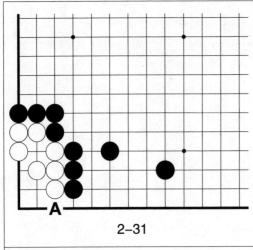

2-31

　　黑先：请问 A 位是几目官子？

2-31

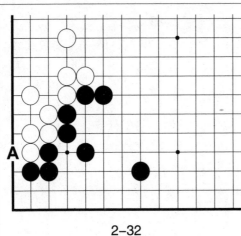

2-32

　　黑先：请问 A 位是几目官子？

2-32

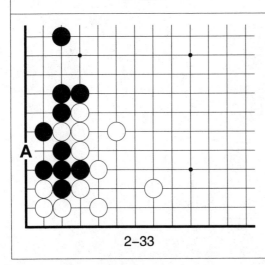

2-33

　　黑先：请问 A 位是几目官子？

2-33

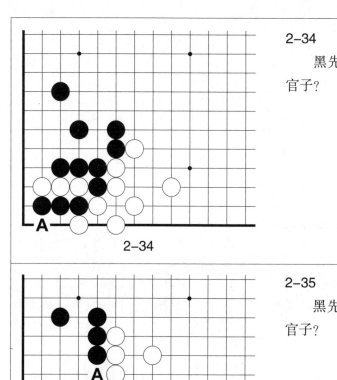

2-34

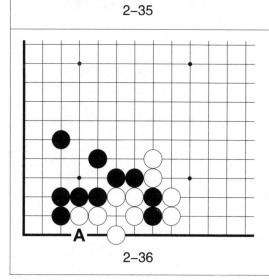

2-35

2-36

2-34

黑先：请问 A 位是几目官子？

2-35

黑先：请问 A 位是几目官子？

2-36

黑先：请问 A 位是几目官子？

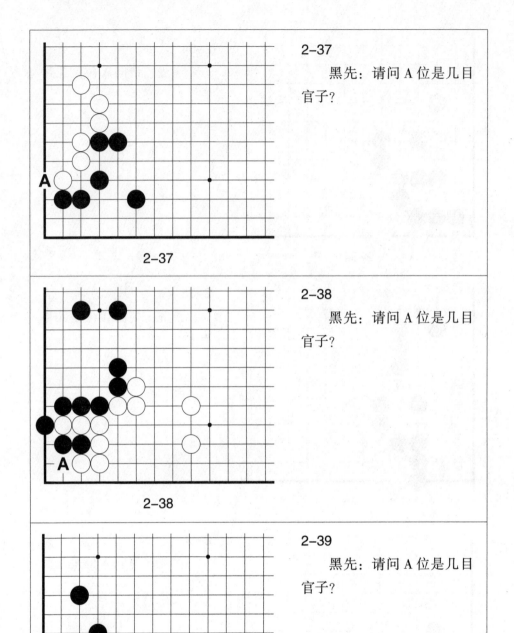

2-37

　　黑先：请问 A 位是几目
官子？

2-37

2-38

　　黑先：请问 A 位是几目
官子？

2-38

2-39

　　黑先：请问 A 位是几目
官子？

2-39

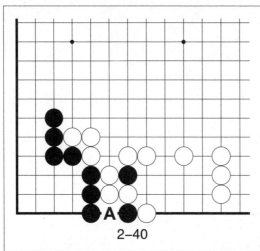

2-40

　黑先：请问 A 位是几目官子？

2-40

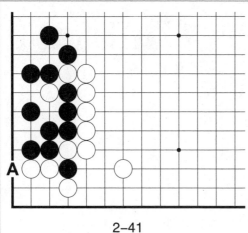

2-41

　黑先：请问 A 位是几目官子？

2-41

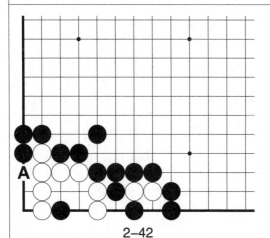

2-42

　黑先：请问 A 位是几目官子？

2-42

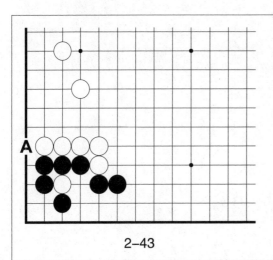

2-43

黑先：请问 A 位是几目官子？

2-43

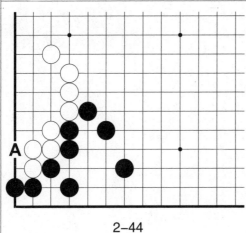

2-44

黑先：请问 A 位是几目官子？

2-44

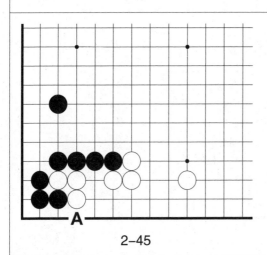

2-45

黑先：请问 A 位是几目官子？

2-45

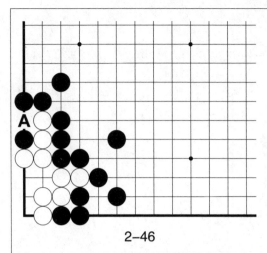

2-46

黑先：请问 A 位是几目官子？

2-46

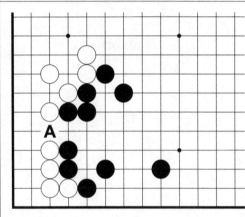

2-47

黑先：请问 A 位是几目官子？

2-47

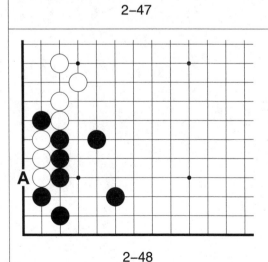

2-48

黑先：请问 A 位是几目官子？

2-48

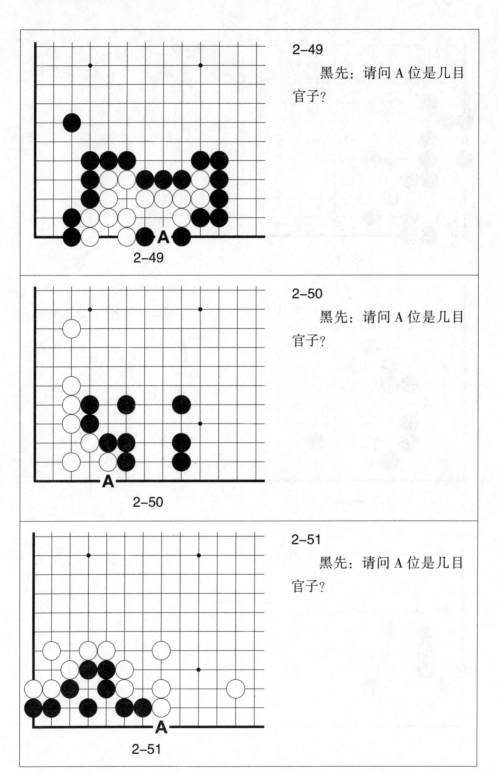

2-49

　　黑先：请问 A 位是几目官子？

2-49

2-50

　　黑先：请问 A 位是几目官子？

2-50

2-51

　　黑先：请问 A 位是几目官子？

2-51

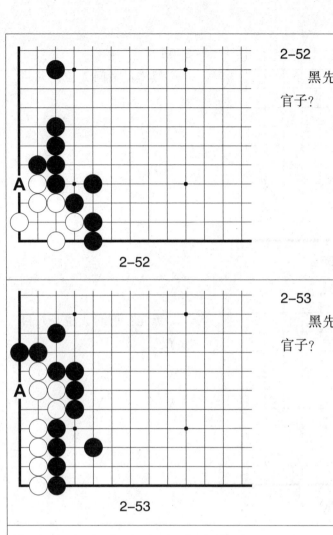

2-52

　　黑先：请问 A 位是几目官子？

2-52

2-53

　　黑先：请问 A 位是几目官子？

2-53

2-54

　　黑先：请问 A 位是几目官子？

2-54

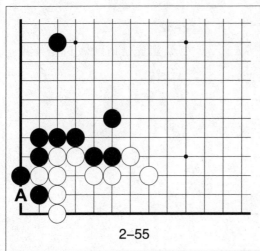

2-55

黑先：请问 A 位是几目官子？

2-55

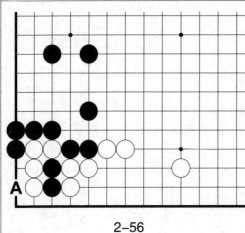

2-56

黑先：请问 A 位是几目官子？

2-56

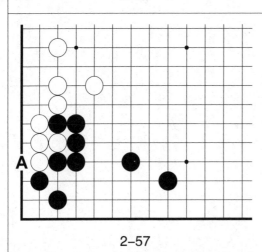

2-57

黑先：请问 A 位是几目官子？

2-57

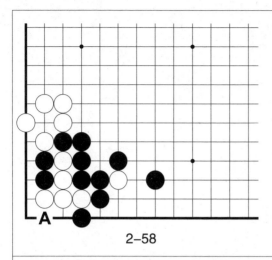

2-58

　　黑先：请问 A 位是几目官子？

2-58

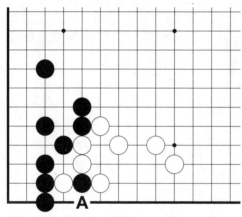

2-59

　　黑先：请问 A 位是几目官子？

2-59

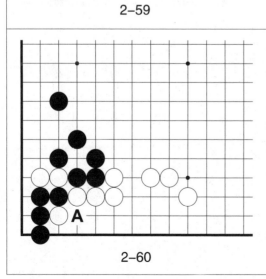

2-60

　　黑先：请问 A 位是几目官子？

2-60

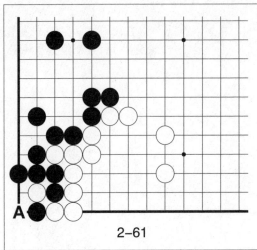

2-61

　　黑先：请问 A 位是几目官子？

2-61

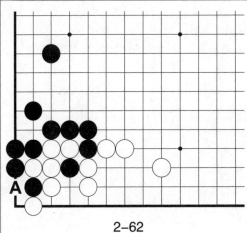

2-62

　　黑先：请问 A 位是几目官子？

2-62

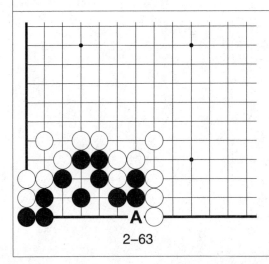

2-63

　　黑先：请问 A 位是几目官子？

2-63

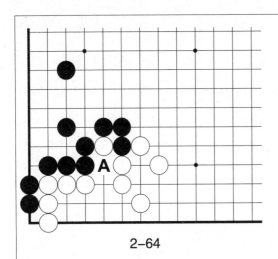

2-64

2-64

黑先：请问 A 位是几目官子？

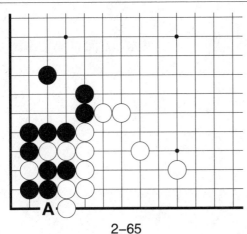

2-65

2-65

黑先：请问 A 位是几目官子？

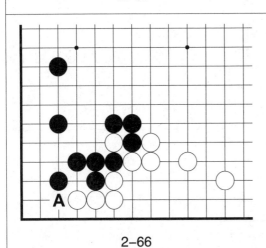

2-66

2-66

黑先：请问 A 位是几目官子？

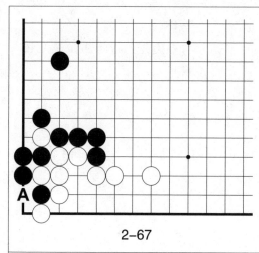

2-67

　　黑先：请问 A 位是几目官子？

2-67

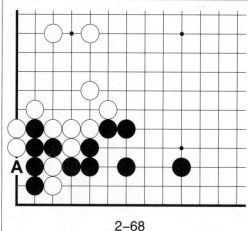

2-68

　　黑先：请问 A 位是几目官子？

2-68

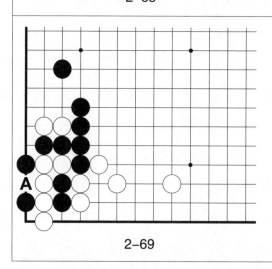

2-69

　　黑先：请问 A 位是几目官子？

2-69

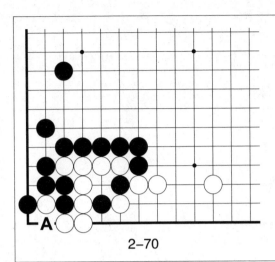

2-70

　　黑先：请问 A 位是几目官子？

2-70

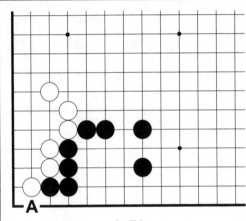

2-71

　　黑先：请问 A 位是几目官子？

2-71

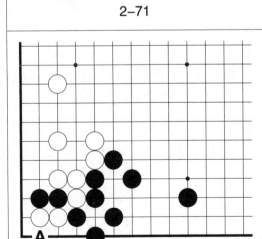

2-72

　　黑先：请问 A 位是几目官子？

2-72

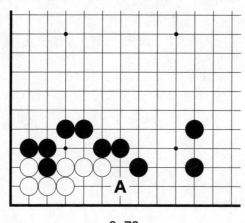

2-73

　　黑先：请问 A 位是几目官子?

2-73

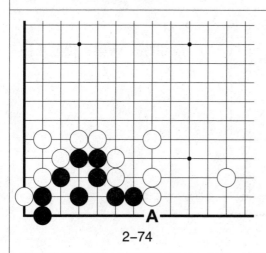

2-74

　　黑先：请问 A 位是几目官子?

2-74

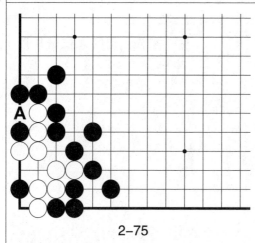

2-75

　　黑先：请问 A 位是几目官子?

2-75

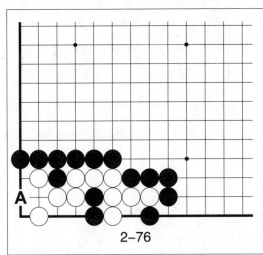

2-76

　　黑先：请问 A 位是几目官子？

2-76

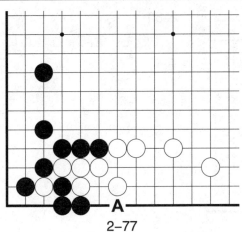

2-77

　　黑先：请问 A 位是几目官子？

2-77

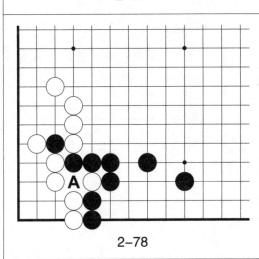

2-78

　　黑先：请问 A 位是几目官子？

2-78

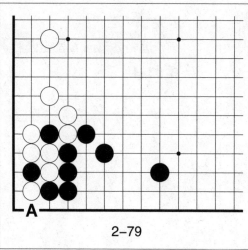

2-79
　　黑先：请问 A 位是几目官子？

2-79

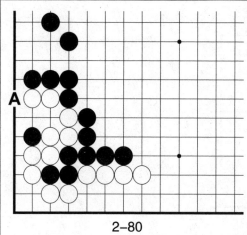

2-80
　　黑先：请问 A 位是几目官子？

2-80

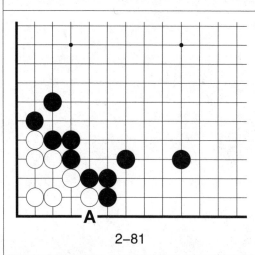

2-81
　　黑先：请问 A 位是几目官子？

2-81

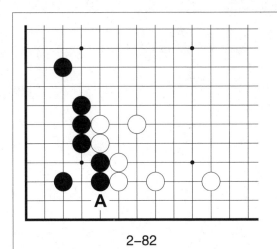

2-82

2-82

　　黑先：请问 A 位是几目官子?

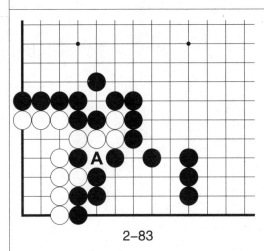

2-83

2-83

　　黑先：请问 A 位是几目官子?

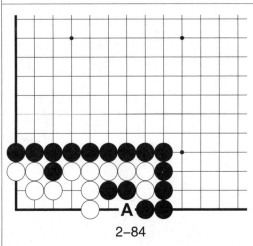

2-84

2-84

　　黑先：请问 A 位是几目官子?

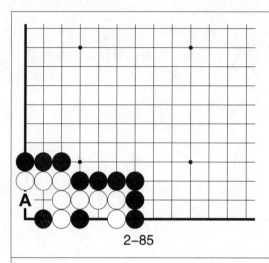

2-85

　　黑先：请问 A 位是几目官子？

2-85

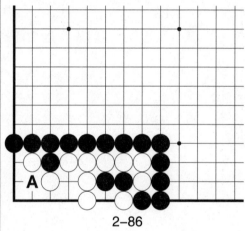

2-86

　　黑先：请问 A 位是几目官子？

2-86

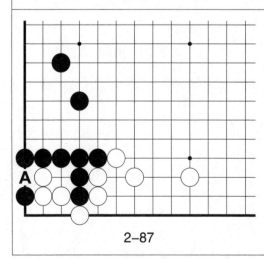

2-87

　　黑先：请问 A 位是几目官子？

2-87

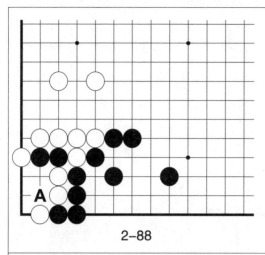

2-88
　　黑先：请问 A 位是几目官子？

2-88

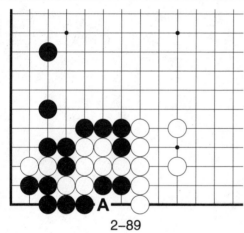

2-89
　　黑先：请问 A 位是几目官子？

2-89

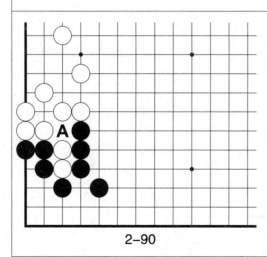

2-90
　　黑先：请问 A 位是几目官子？

2-90

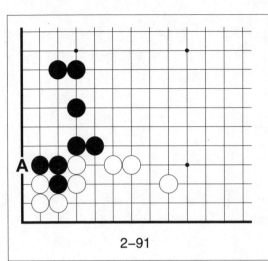

2-91

　　黑先：请问 A 位是几目官子?

2-91

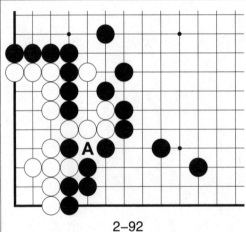

2-92

　　黑先：请问 A 位是几目官子?

2-92

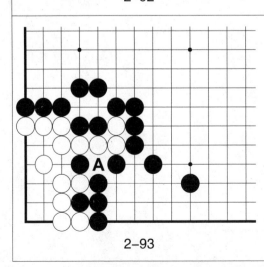

2-93

　　黑先：请问 A 位是几目官子?

2-93

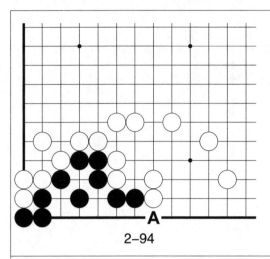

2-94

黑先：请问 A 位是几目官子?

2-94

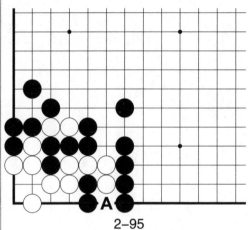

2-95

黑先：请问 A 位是几目官子?

2-95

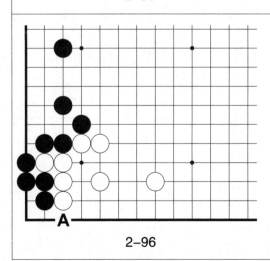

2-96

黑先：请问 A 位是几目官子?

2-96

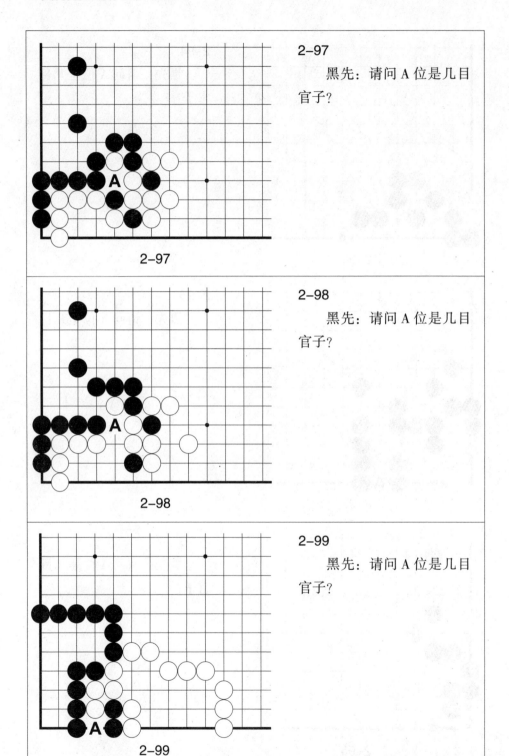

2-97

　　黑先：请问 A 位是几目官子?

2-97

2-98

　　黑先：请问 A 位是几目官子?

2-98

2-99

　　黑先：请问 A 位是几目官子?

2-99

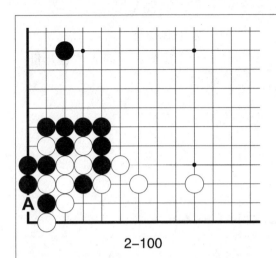

2-100

2-100
　　黑先：请问 A 位是几目
官子?

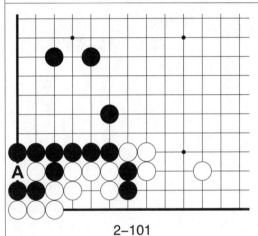

2-101

2-101
　　黑先：请问 A 位是几目
官子?

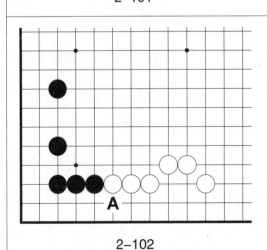

2-102

2-102
　　黑先：请问 A 位是几目
官子?

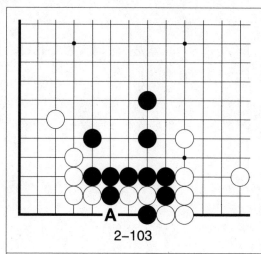

2-103

　　黑先：请问 A 位是几目官子？

2-103

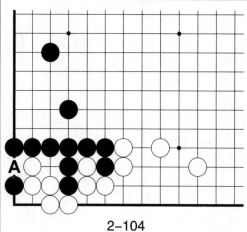

2-104

　　黑先：请问 A 位是几目官子？

2-104

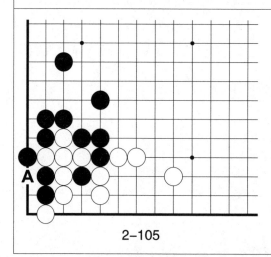

2-105

　　黑先：请问 A 位是几目官子？

2-105

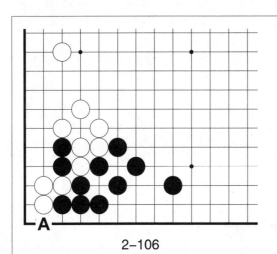

2-106

　　黑先：请问 A 位是几目官子？

2-106

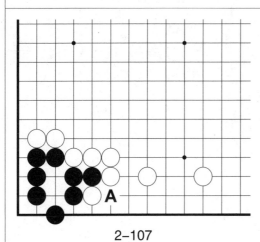

2-107

　　黑先：请问 A 位是几目官子？

2-107

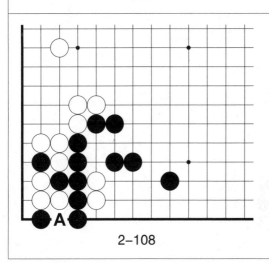

2-108

　　黑先：请问 A 位是几目官子？

2-108

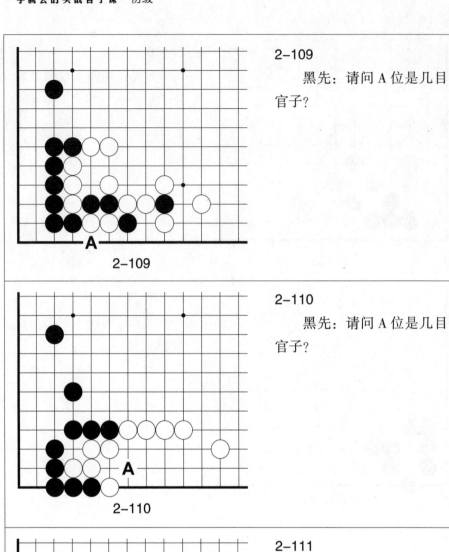

2-109

　　黑先：请问 A 位是几目官子？

2-109

2-110

　　黑先：请问 A 位是几目官子？

2-110

2-111

　　黑先：请问 A 位是几目官子？

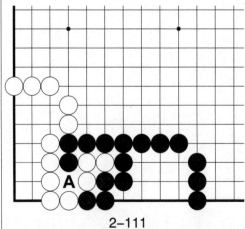

2-111

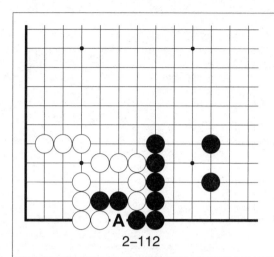

2-112

　　黑先：请问 A 位是几目官子？

2-112

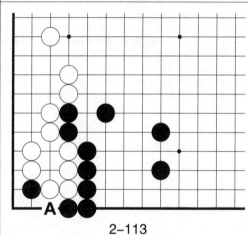

2-113

　　黑先：请问 A 位是几目官子？

2-113

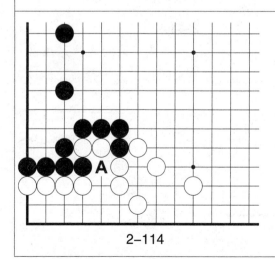

2-114

　　黑先：请问 A 位是几目官子？

2-114

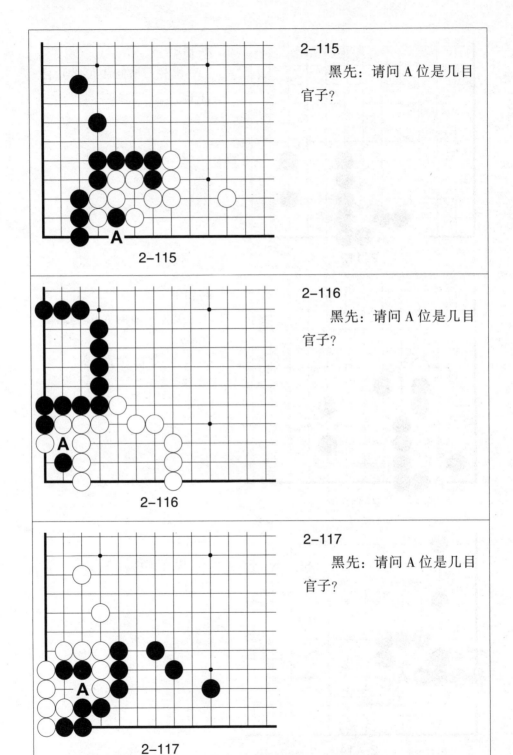

2-115

黑先：请问 A 位是几目官子？

2-115

2-116

黑先：请问 A 位是几目官子？

2-116

2-117

黑先：请问 A 位是几目官子？

2-117

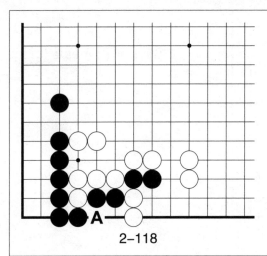

2-118

　　黑先：请问 A 位是几目官子?

2-118

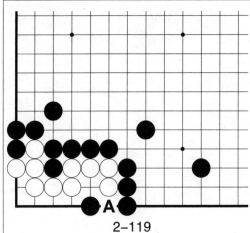

2-119

　　黑先：请问 A 位是几目官子?

2-119

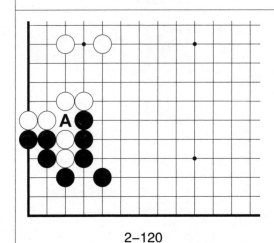

2-120

　　黑先：请问 A 位是几目官子?

2-120

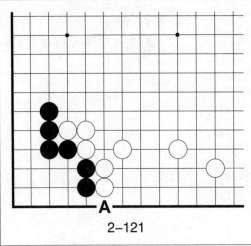

2-121

2-121
　　黑先：请问 A 位是几目官子？

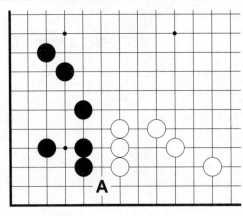

2-122

2-122
　　黑先：请问 A 位是几目官子？

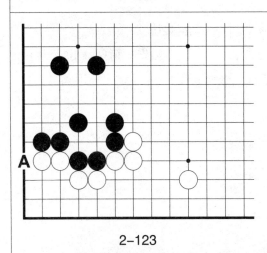

2-123

2-123
　　黑先：请问 A 位是几目官子？

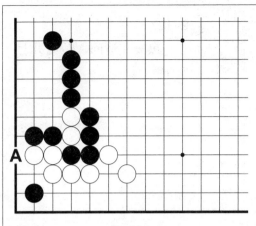

2-124

2-124

黑先：请问 A 位是几目
官子？

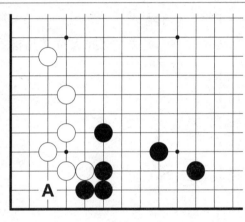

2-125

2-125

黑先：请问 A 位是几目
官子？

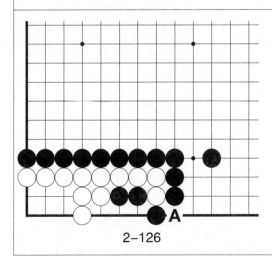

2-126

2-126

黑先：请问 A 位是几目
官子？

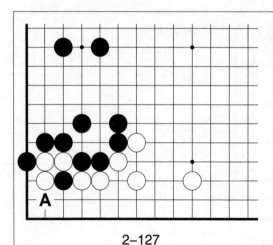

2-127
　　黑先：请问 A 位是几目官子？

2-127

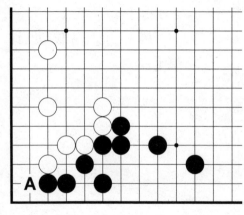

2-128
　　黑先：请问 A 位是几目官子？

2-128

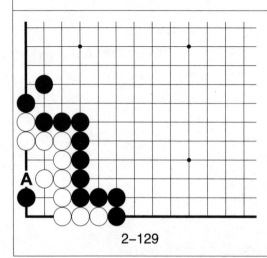

2-129
　　黑先：请问 A 位是几目官子？

2-129

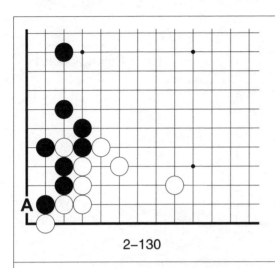

2-130

　　黑先：请问 A 位是几目官子？

2-130

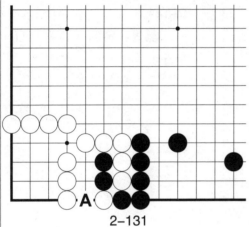

2-131

　　黑先：请问 A 位是几目官子？

2-131

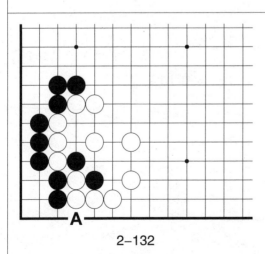

2-132

　　黑先：请问 A 位是几目官子？

2-132

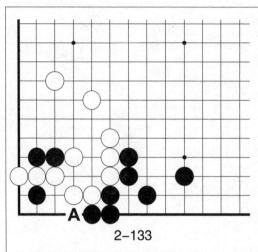

2-133

　　黑先：请问 A 位是几目官子？

2-133

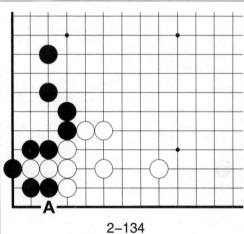

2-134

　　黑先：请问 A 位是几目官子？

2-134

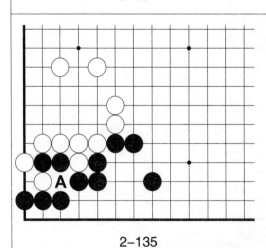

2-135

　　黑先：请问 A 位是几目官子？

2-135

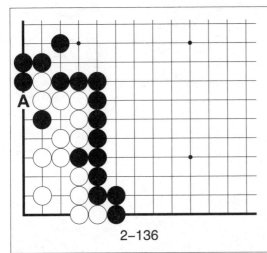

2-136

2-136

 黑先: 请问 A 位是几目官子?

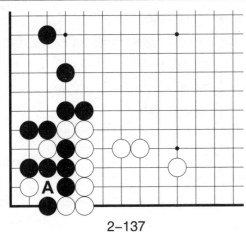

2-137

2-137

 黑先: 请问 A 位是几目官子?

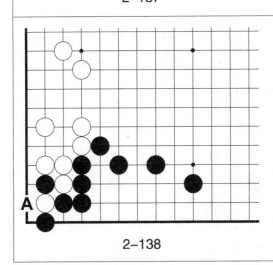

2-138

2-138

 黑先: 请问 A 位是几目官子?

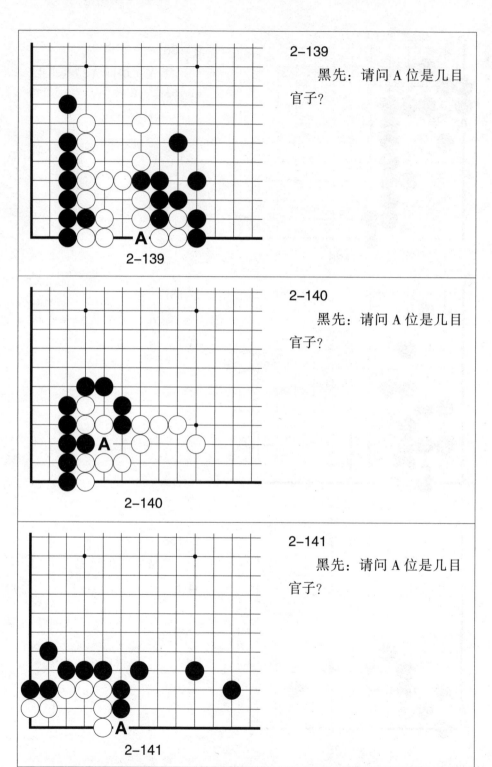

2-139

　　黑先：请问 A 位是几目官子？

2-139

2-140

　　黑先：请问 A 位是几目官子？

2-140

2-141

　　黑先：请问 A 位是几目官子？

2-141

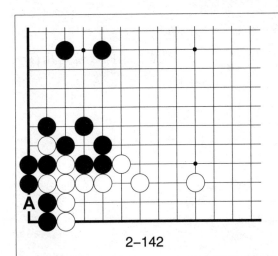

2-142

2-142
　黑先：请问 A 位是几目官子？

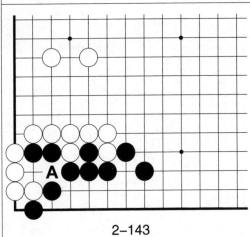

2-143

2-143
　黑先：请问 A 位是几目官子？

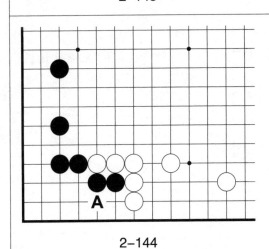

2-144

2-144
　黑先：请问 A 位是几目官子？

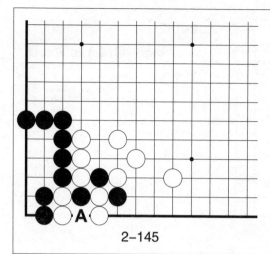

2-145

2-145
　黑先：请问 A 位是几目
官子？

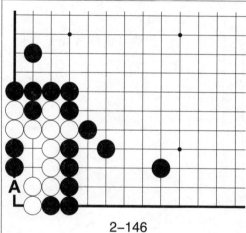

2-146

2-146
　黑先：请问 A 位是几目
官子？

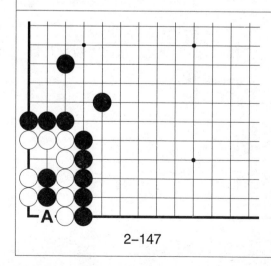

2-147

2-147
　黑先：请问 A 位是几目
官子？

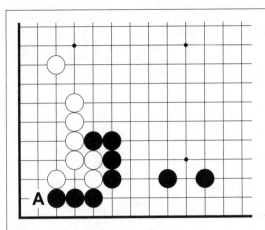

2-148

黑先：请问 A 位是几目官子？

2-148

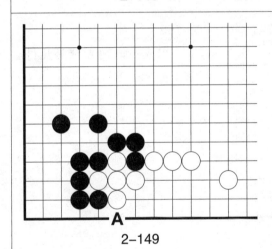

2-149

黑先：请问 A 位是几目官子？

2-149

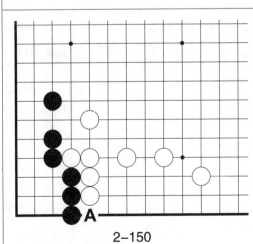

2-150

黑先：请问 A 位是几目官子？

2-150

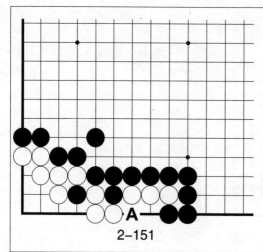

2-151

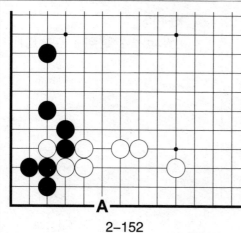

2-152

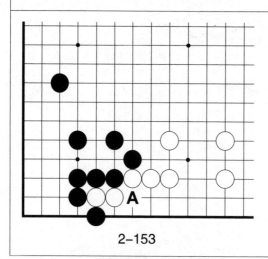

2-153

2-151

　　黑先：请问 A 位是几目官子?

2-152

　　黑先：请问 A 位是几目官子?

2-153

　　黑先：请问 A 位是几目官子?

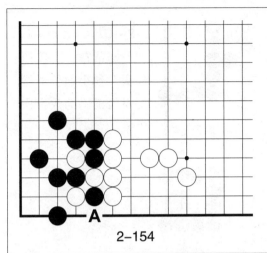

2-154

　　黑先：请问 A 位是几目官子?

2-154

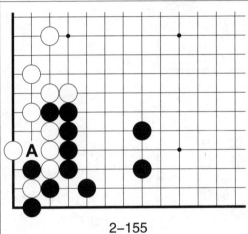

2-155

　　黑先：请问 A 位是几目官子?

2-155

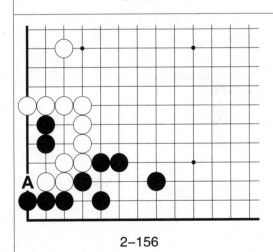

2-156

　　黑先：请问 A 位是几目官子?

2-156

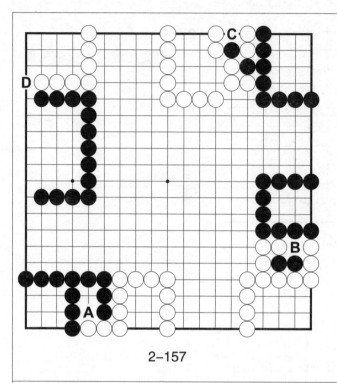

2-157

2-157

　　黑先：请按照从大到小的价值排列出正确的收官次序。

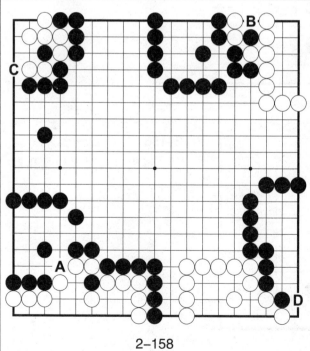

2-158

2-158

　　黑先：请按照从大到小的价值排列出正确的收官次序。

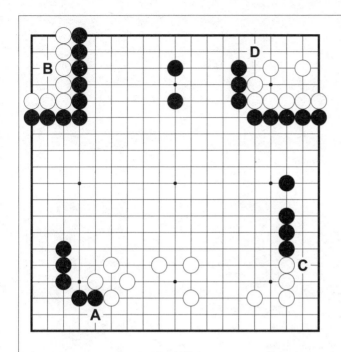

2-159

2-159

黑先：请把
A、B、C、D 4个
官子按照从大到小
的价值排列出正确
的收官次序。

这不是全局官
子题，所以只计算
这4个官子就行。

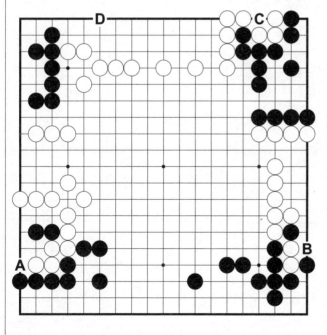

2-160

2-160

黑先：请把
A、B、C、D 4个
官子按照从大到小
的价值排列出正确
的收官次序。

这不是全局官
子题，所以只计算
这4个官子就行。

第三章　实战官子技巧

通过学习实战中常见的官子手筋可以熟练应用在下棋中。官子手筋对提高官子水平有很大的帮助，相比普通的收官手段，手筋可以更大限度破坏对方的空，甚至还会有意料之外的惊喜。熟练运用好官子手筋有时还会使原本的后手收官变成先手。

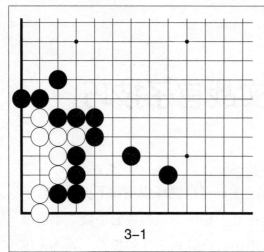

3-1

3-1

　　黑先：请利用白棋的缺陷下出正确的下法。

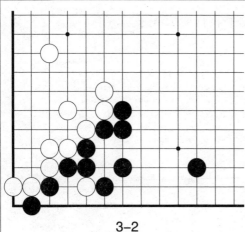

3-2

3-2

　　黑先：请利用白棋的缺陷先手补断。

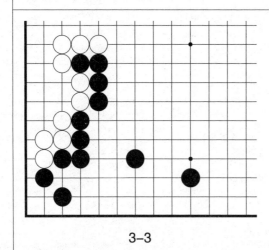

3-3

3-3

　　黑先：请利用白棋的缺陷下出正确的下法。

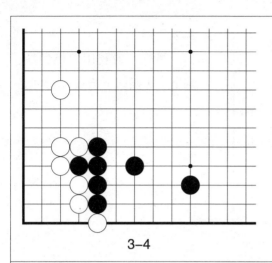

3-4

　　黑先：请利用白棋的缺陷下出正确的下法。

3-4

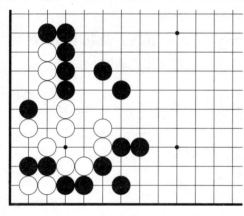

3-5

　　黑先：请利用白棋的缺陷下出正确的下法。

3-5

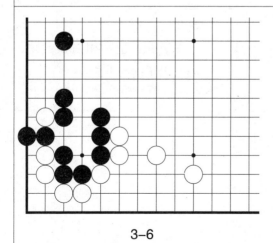

3-6

　　黑先：请利用白棋的缺陷下出正确的下法。

3-6

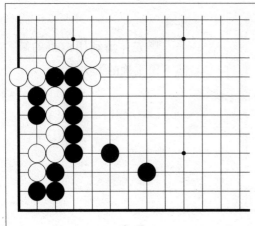

3-7

　　黑先：请利用白棋的缺陷下出正确的下法。

3-7

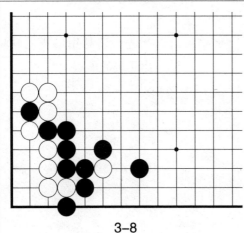

3-8

　　黑先：请利用白棋的缺陷下出正确的下法。

3-8

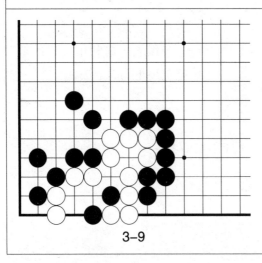

3-9

　　黑先：请利用白棋的缺陷下出正确的下法。

3-9

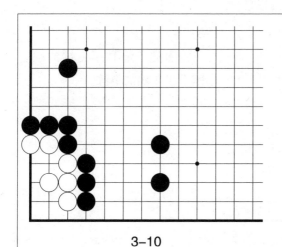

3-10

3-10

黑先：请利用白棋的缺陷下出正确的下法。

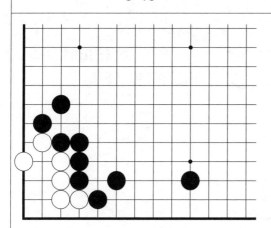

3-11

3-11

黑先：请利用白棋的缺陷下出正确的下法。

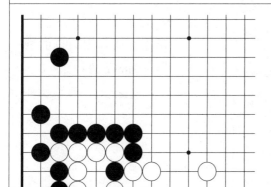

3-12

3-12

黑先：请利用白棋的缺陷下出正确的下法。

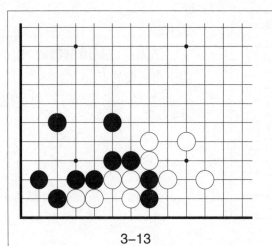

3-13

　　黑先：请利用白棋的缺陷下出正确的下法。

3-13

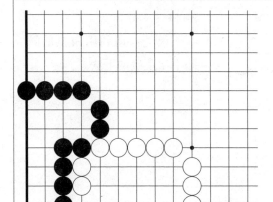

3-14

　　黑先：请利用白棋的缺陷下出正确的下法。

3-14

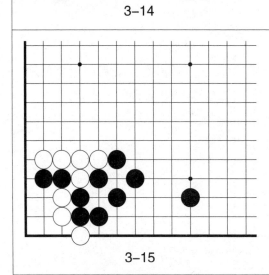

3-15

　　黑先：请利用白棋的缺陷下出正确的下法。

3-15

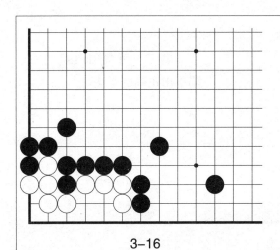

3-16

黑先：请利用白棋的缺陷下出正确的下法。

3-16

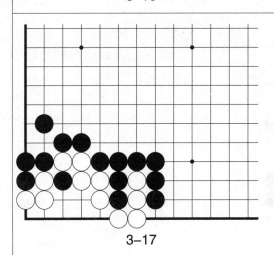

3-17

黑先：请利用白棋的缺陷下出正确的下法。

3-17

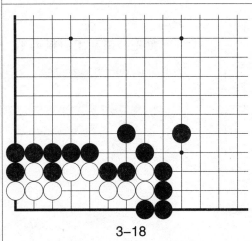

3-18

黑先：请利用白棋的缺陷下出正确的下法。

3-18

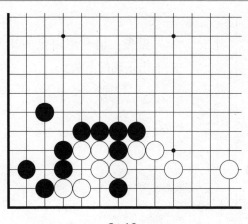

3-19

黑先：请利用白棋的缺陷下出正确的下法。

3-19

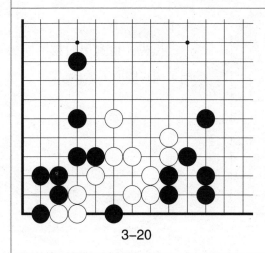

3-20

黑先：请利用白棋的缺陷下出正确的下法。

3-20

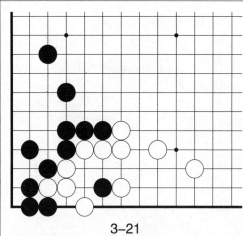

3-21

黑先：请利用白棋的缺陷下出正确的下法。

3-21

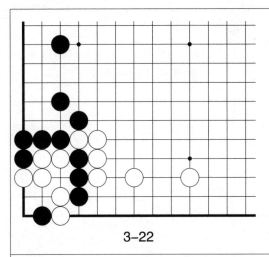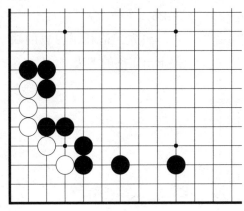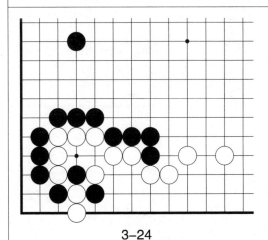

3-22

　　黑先：请利用白棋的缺陷下出正确的下法。

3-22

3-23

　　黑先：请利用白棋的缺陷下出正确的下法。

3-23

3-24

　　黑先：请利用白棋的缺陷下出正确的下法。

3-24

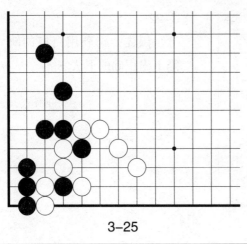

3-25

3-25
　　黑先：请利用白棋的缺陷下出正确的下法。

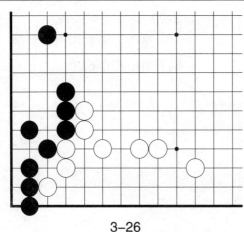

3-26

3-26
　　黑先：请利用白棋的缺陷下出正确的下法。

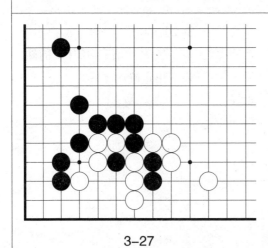

3-27

3-27
　　黑先：请利用白棋的缺陷下出正确的下法。

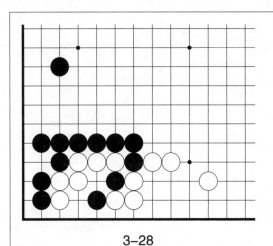

3—28

3-28

　　黑先：请利用白棋的缺陷下出正确的下法。

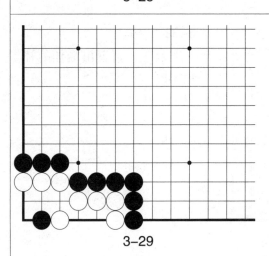

3—29

3-29

　　黑先：请利用白棋的缺陷下出正确的下法。

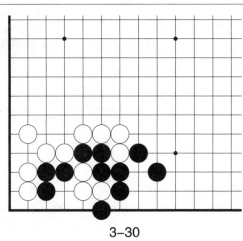

3—30

3-30

　　黑先：请下出最佳的补棋手段。

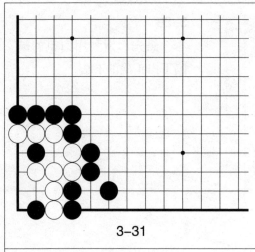

3-31

黑先：请利用白棋的缺陷下出正确的下法。

3-31

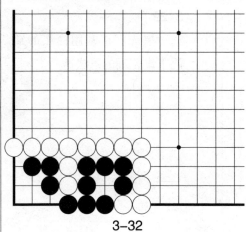

3-32

黑先：请下出最佳的补棋手段。

3-32

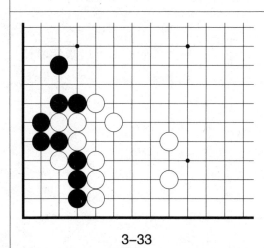

3-33

黑先：请下出最佳的补棋手段。

3-33

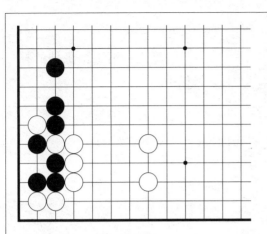

3-34

3-34

　　黑先：请下出黑棋最佳的补棋手段。

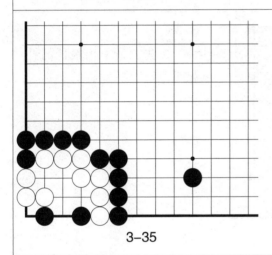

3-35

3-35

　　黑先：请利用白棋的缺陷下出正确的下法。

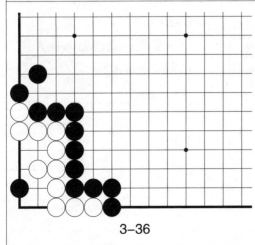

3-36

3-36

　　黑先：请下出最佳的补棋手段。

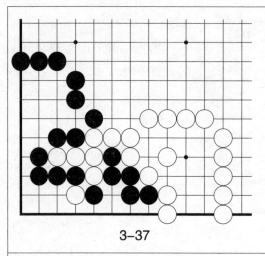

3-37

　　黑先：请下出最佳的补棋手段。

3-37

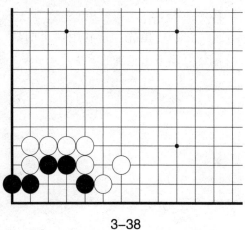

3-38

　　黑先：请下出最佳的补棋手段。

3-38

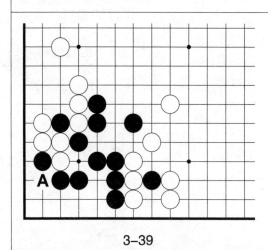

3-39

　　黑先：黑棋怎么补 A 位的断实空最多?

3-39

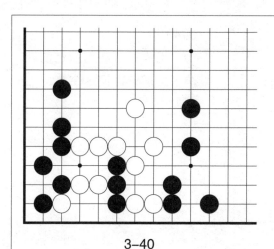

3-40

3-40

　　黑先：请利用白棋的缺陷下出正确的下法。

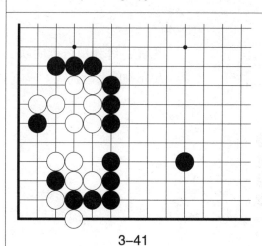

3-41

3-41

　　黑先：请利用白棋的缺陷下出正确的下法。

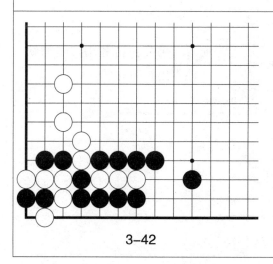

3-42

3-42

　　黑先：请利用白棋的缺陷下出正确的下法。

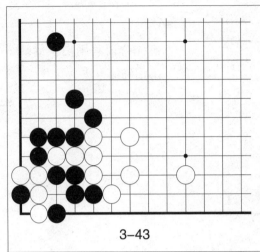

3-43

　　黑先：请利用白棋的缺陷下出正确的下法。

3-43

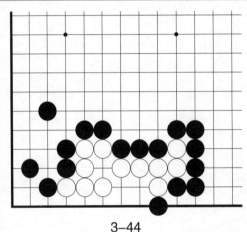

3-44

　　黑先：请利用白棋的缺陷下出正确的下法。

3-44

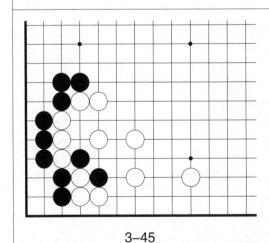

3-45

　　黑先：请利用白棋的缺陷下出正确的下法。

3-45

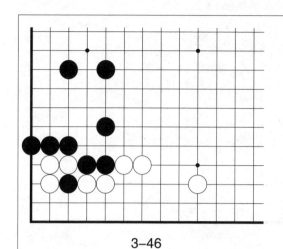

3-46

黑先：请利用白棋的缺陷下出正确的下法。

3-46

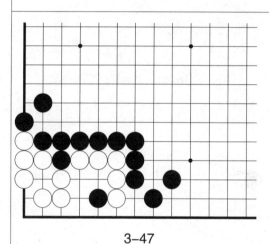

3-47

黑先：请利用白棋的缺陷下出正确的下法。

3-47

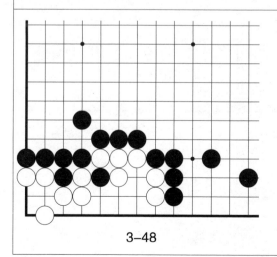

3-48

黑先：请利用白棋的缺陷下出正确的下法。

3-48

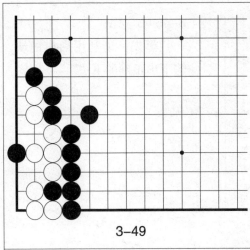

3-49

黑先：请下出此处最佳的收官手段。

3-49

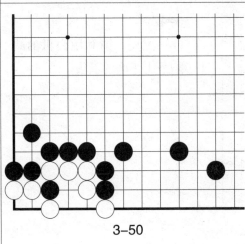

3-50

黑先：请利用白棋气紧的问题下出最佳的收官手段。

3-50

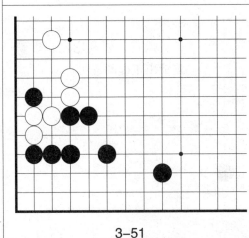

3-51

黑先：请利用白棋的缺陷下出正确的下法。

3-51

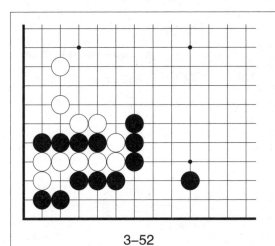

3-52

　　黑先：请利用白棋的缺陷下出正确的下法。

3-52

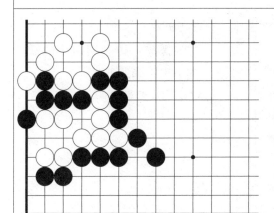

3-53

　　黑先：请利用白棋的缺陷下出正确的下法。

3-53

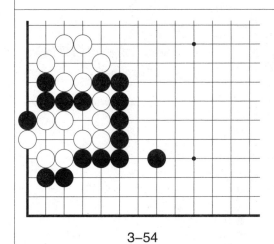

3-54

　　黑先：请利用白棋的缺陷下出正确的下法。

3-54

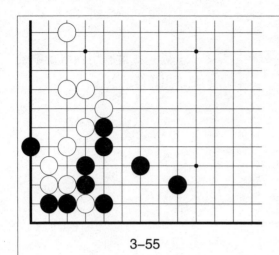

3-55

3-55

　　黑先：请利用白棋的缺陷下出正确的下法。

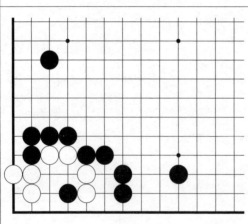

3-56

3-56

　　黑先：请利用白棋的缺陷下出正确的下法。

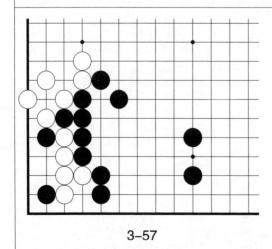

3-57

3-57

　　黑先：请利用白棋的缺陷下出正确的下法。

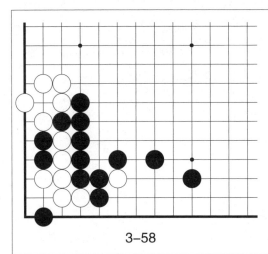

3-58

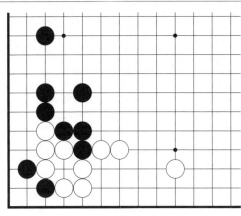

3-58

　　黑先：请利用白棋的缺陷下出正确的下法。

3-59

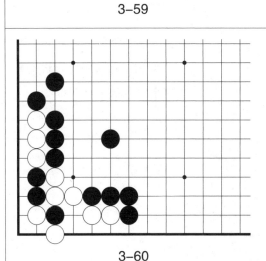

3-59

　　黑先：请下出最佳的收官手段。

3-60

　　黑先：请利用白棋的缺陷下出正确的下法。

3-60

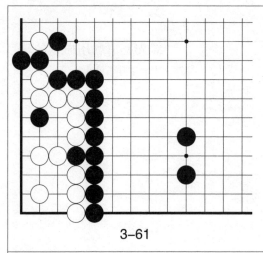

3-61

黑先：请利用白棋的缺陷下出正确的下法。

3-61

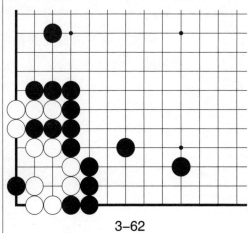

3-62

黑先：请利用白棋的缺陷下出正确的下法。

3-62

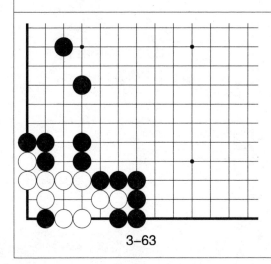

3-63

黑先：请利用白棋的缺陷下出正确的下法。

3-63

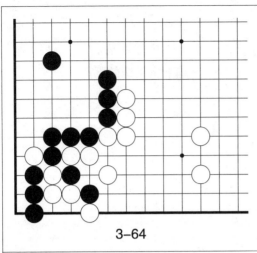

3-64

3-64

　　黑先：请利用白棋的缺陷下出正确的下法。

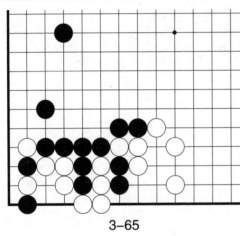

3-65

3-65

　　黑先：请下出最佳的收官手段。

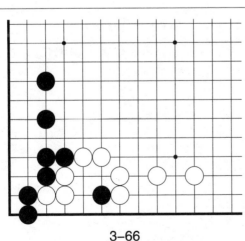

3-66

3-66

　　黑先：请利用白棋的缺陷下出正确的下法。

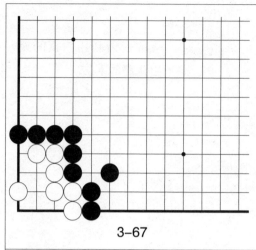

3-67

3-67

黑先：请利用白棋的缺陷下出正确的下法。

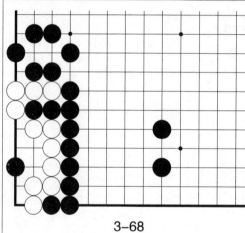

3-68

3-68

黑先：请利用白棋的缺陷下出正确的下法。

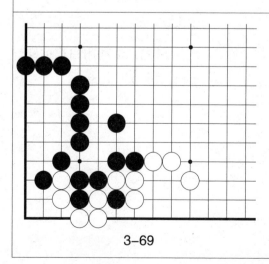

3-69

3-69

黑先：请下出最佳的收官手段。

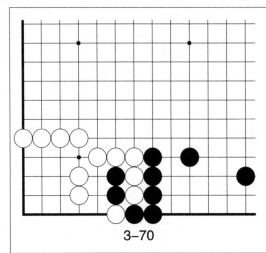

3-70

黑先：请下出最佳的收
官手段。

3-70

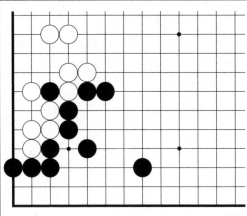

3-71

黑先：请利用白棋的缺
陷下出正确的下法。

3-71

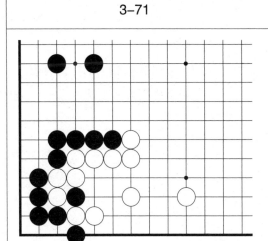

3-72

黑先：请利用白棋的缺
陷下出正确的下法。

3-72

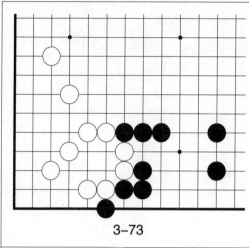

3-73

3-73

　　黑先：请利用白棋的缺陷下出正确的下法。

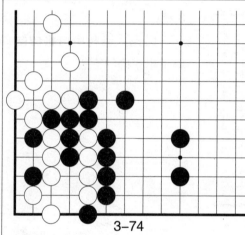

3-74

3-74

　　黑先：请利用白棋的缺陷下出正确的下法。

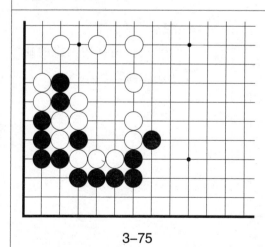

3-75

3-75

　　黑先：请利用白棋的缺陷下出正确的下法。

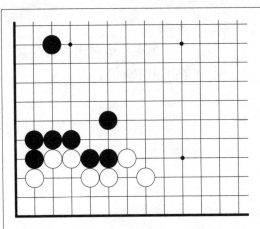

3-76

　　黑先：请利用白棋的缺陷下出正确的下法。

3-76

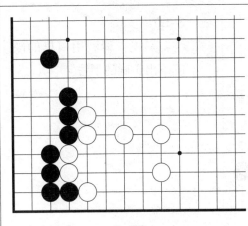

3-77

　　黑先：请利用白棋的缺陷下出正确的下法。

3-77

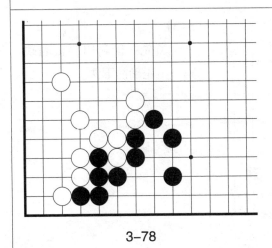

3-78

　　黑先：请利用白棋的缺陷下出正确的下法。

3-78

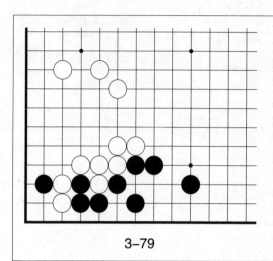

3-79

3-79

黑先：请利用白棋的缺陷下出正确的下法。

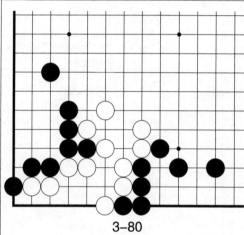

3-80

3-80

黑先：请利用白棋的缺陷下出正确的下法。

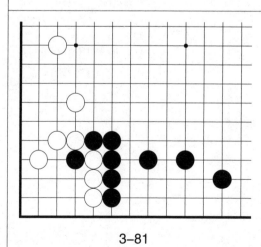

3-81

3-81

黑先：请利用白棋的缺陷下出正确的下法。

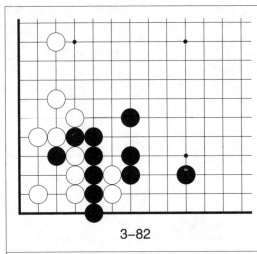

3-82

　黑先：请利用白棋的缺陷下出正确的下法。

3-82

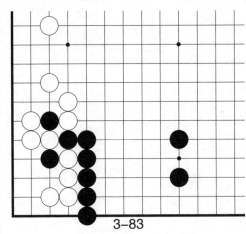

3-83

　黑先：请利用白棋的缺陷下出正确的下法。

3-83

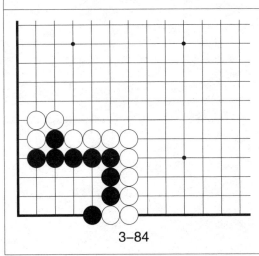

3-84

　黑先：请下出最佳的补棋手段。

3-84

第四章　实战官子的应用

通过学习实战中经常会遇到的棋形可以熟练地归类总结，灵活运用。

全部黑先

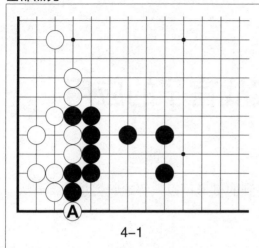

4-1

　　黑先：白 A 位扳黑棋应该如何应对？

4-1

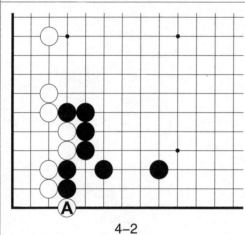

4-2

　　黑先：白 A 位扳黑棋应该如何应对？

4-2

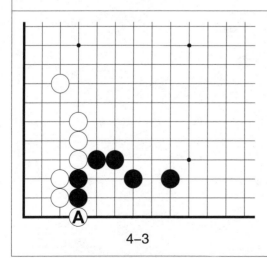

4-3

　　黑先：白 A 位扳黑棋应该如何应对？

4-3

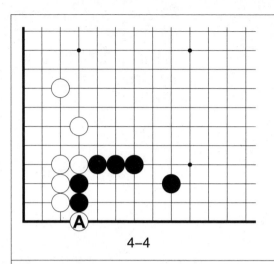

4-4

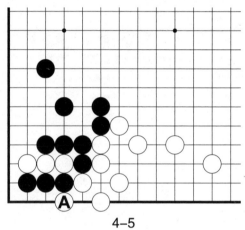

4-5

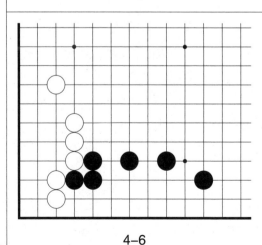

4-6

4-4

黑先：白 A 位扳黑棋应该如何应对？

4-5

黑先：白 A 位扳黑棋应该如何应对？

4-6

黑先：请下出双方最佳的收官手段。

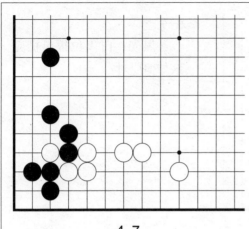

4-7

　　黑先：请下出双方最佳的收官手段。

4-7

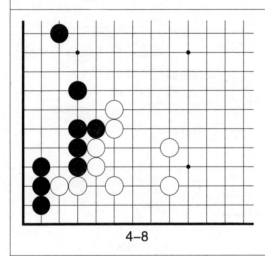

4-8

　　黑先：请下出双方最佳的收官手段。

4-8

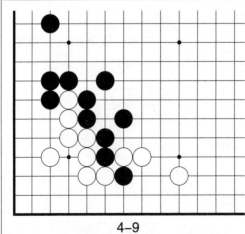

4-9

　　黑先：请下出双方最佳的收官手段。

4-9

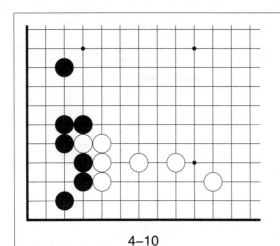

4-10

黑先：请下出双方最佳的收官手段。

4-10

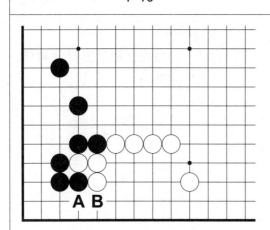

4-11

黑先：黑棋此局面下应该选 A 位还是 B 位收官？

4-11

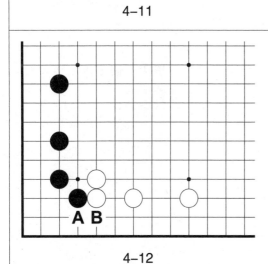

4-12

黑先：黑棋此局面下应该选 A 位还是 B 位收官？

4-12

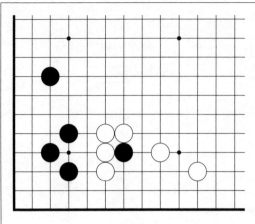

4-13

黑先：请下出双方最佳的收官手段。

4-13

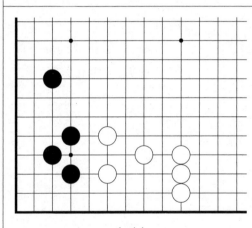

4-14

黑先：请下出双方最佳的定型。

4-14

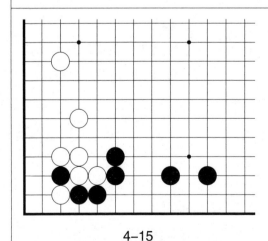

4-15

黑先：请下出双方最佳的收官手段。

4-15

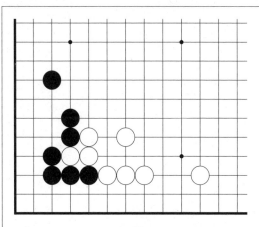

4-16

　　黑先：请下出双方最佳的收官手段。

4-16

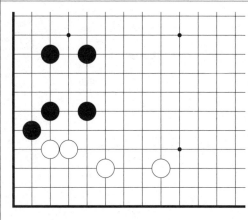

4-17

　　黑先：请下出双方最佳的收官手段。

4-17

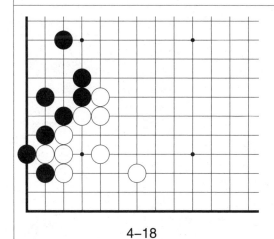

4-18

　　黑先：黑棋此局面下应该如何收官？

4-18

第五章　全局官子实战练习

收官是一盘棋的最后阶段，也是可以扭转胜负的关键时刻，收官顺序和具体手段决定了这盘棋的结果。我们在此单元选取了实战中常见的手筋棋形和常用官子，为了方便练习特意采用了11路棋盘。

全部黑先

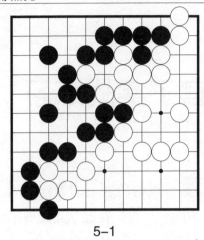

5-1

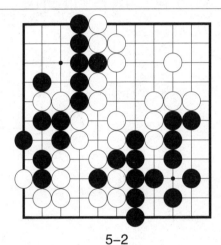

5-2

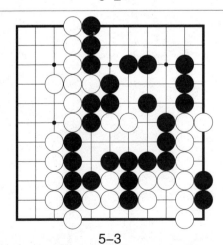

5-3

5-1

　　黑先：请按照从大到小的次序下出正确的收官手段，注意隐藏的官子技巧。

5-2

　　黑先：请按照从大到小的次序下出正确的收官手段。

5-3

　　黑先：请按照从大到小的次序下出正确的收官手段。

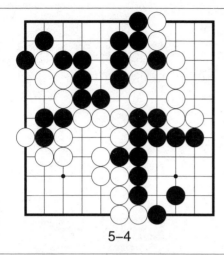

5-4

黑先：请按照从大到小的次序下出正确的收官手段。

5-4

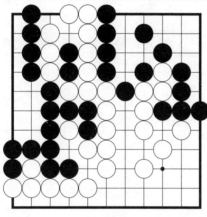

5-5

黑先：请按照从大到小的次序下出正确的收官手段。注意隐藏的官子技巧。

5-5

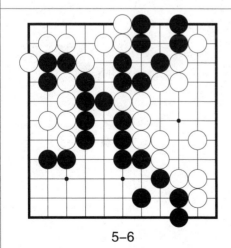

5-6

黑先：请按照从大到小的次序下出正确的收官手段。

5-6

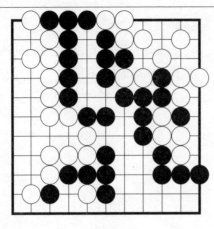

5-7

黑先：请按照从大到小的次序下出正确的收官手段。

5-7

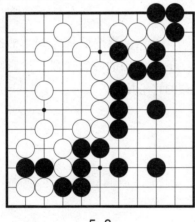

5-8

黑先：请按照从大到小的次序下出正确的收官手段。

5-8

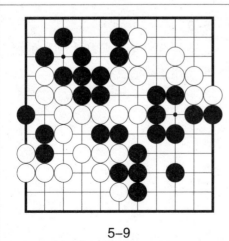

5-9

黑先：请按照从大到小的次序下出正确的收官手段。

5-9

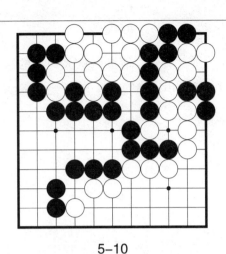

5-10

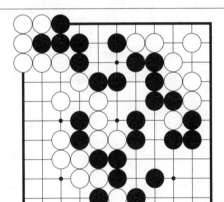

5-11

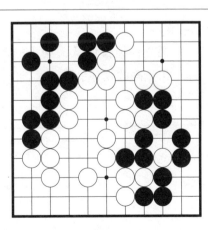

5-12

5-10

黑先：请按照从大到小的次序下出正确的收官手段。

5-11

黑先：请按照从大到小的次序下出正确的收官手段。

5-12

黑先：请按照从大到小的次序下出正确的收官手段。焦点在右上角，利用白棋的断点和气紧的弱点展开思考。

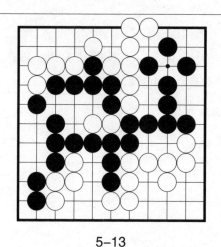

5-13

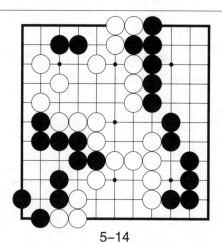

5-14

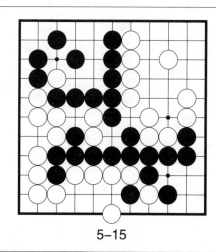

5-15

5-13

黑先：请按照从大到小的次序下出正确的收官手段。

5-14

黑先：请按照从大到小的次序下出正确的收官手段。

5-15

黑先：请按照从大到小的次序下出正确的收官手段。

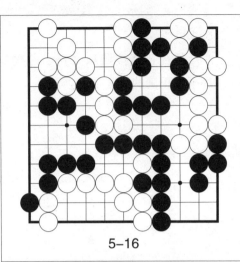

5-16

5-16

　　黑先：请按照从大到小的次序下出正确的收官手段。

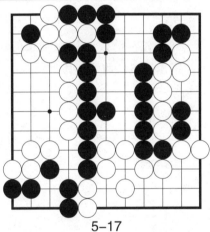

5-17

5-17

　　黑先：请按照从大到小的次序下出正确的收官手段。

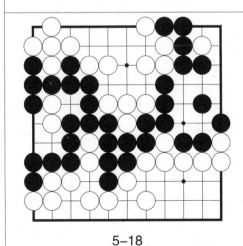

5-18

5-18

　　黑先：请按照从大到小的次序下出正确的收官手段。

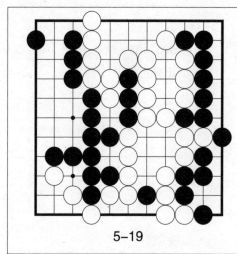

5-19

黑先：请按照从大到小的次序下出正确的收官手段。

5-19

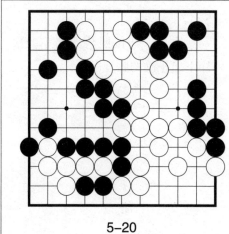

5-20

黑先：请按照从大到小的次序下出正确的收官手段。

5-20

答 案
第一章　官子的分类

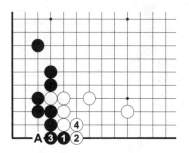

1-1 正解图　黑下1位扳粘是先手；如白棋先下到3位扳，黑下A位打吃，白后手粘。得出结论：黑1是单方先手官子。

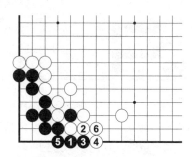

1-2 正解图　黑1打吃下至6是先手收官；如白先下到5位扳，黑A位打吃，白粘是后手。得出结论：黑1是单方先手官子。

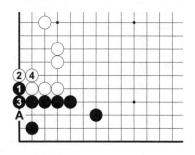

1-3 正解图　黑1、3扳粘是先手收官；如白棋先下到3位扳，黑下A位打吃，白粘是后手。得出结论：黑1是单方先手官子。

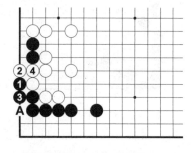

1-4 正解图　黑1、3扳粘是先手；如白棋先下到3位扳，黑下A位打吃，白粘是后手。得出结论：黑1是单方先手官子。

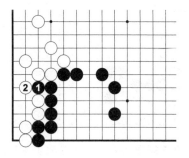

1-5 正解图　黑1冲是先手；如白棋先下到1位粘是后手。得出结论：黑1是单方先手官子。

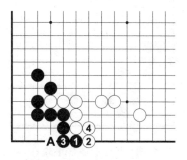

1-6 正解图　黑1、3扳粘是先手；如白棋先下到3位扳，黑下A位打吃，白粘是后手。得出结论：黑1是单方先手官子。

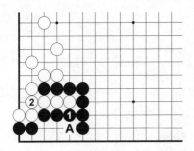

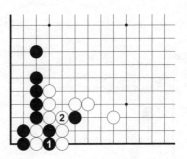

1-7 正解图 黑1打吃先手；如白棋先下到1位冲，黑在A位打吃，白在2位粘是后手。得出结论：黑1是单方先手官子。

1-8 正解图 黑1提子先手收官；白2如脱先，黑下2位断吃，白空所剩无几；如白棋先下到1位提子是后手；黑无须补棋。得出结论：黑1是单方先手官子。

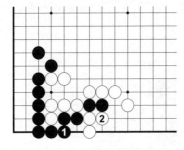

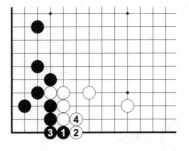

1-9 正解图 黑1粘先手收官；白2如脱先，黑下2位，白两子被吃；如白棋先下到1位扑是后手。得出结论：黑1是单方先手官子。

1-10 正解图 黑1、3扳粘先手收官；如白棋先下到3位扳也是先手。得出结论：黑1是双方先手官子。

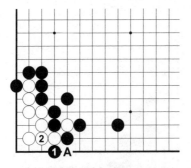

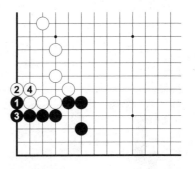

1-11 正解图 黑1打吃先手收官；白2如脱先，白角全军覆没；如白棋先下到A位打吃也是先手。得出结论：黑1是双方先手官子。

1-12 正解图 黑1、3扳粘先手收官；如白棋先下到3位扳也是先手。得出结论：黑1是双方先手官子。

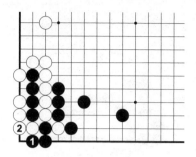

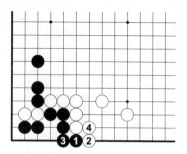

1-13 正解图 黑 1 打吃是先手；如白棋先下到 1 位打吃也是先手。得出结论：黑 1 是双方先手官子。

1-14 正解图 黑 1、3 扳粘先手收官；如白棋先下到 3 位打吃也是先手。得出结论：黑 1 是双方先手官子。

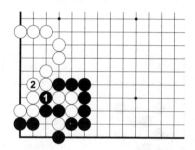

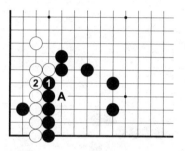

1-15 正解图 黑 1 提子先手收官；如白棋先下到 1 位也是先手。得出结论：黑 1 是双方先手官子。

1-16 正解图 黑 1 先手收官；白 2 如脱先，黑下 2 位冲断，白角被吃；如白棋先下到 1 位也是先手，黑棋如果脱先，白下 A 位扳，黑空所剩无几。得出结论：黑 1 是双方先手官子。

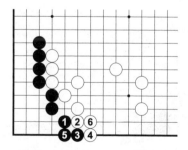

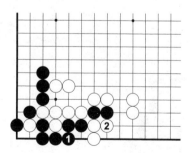

1-17 正解图 黑 1 小尖先手收官；白 2 如脱先，黑下 6 位跳，白空损失极大；如白棋先下到 1 位小尖也是先手，黑棋如脱先，白轻松进角，黑角空所剩无几。得出结论：黑 1 是双方先手官子。

1-18 正解图 黑 1 粘先手收官；如白棋先下到 1 位也是先手。得出结论：黑 1 是双方先手官子。

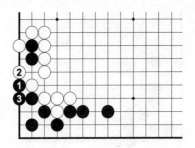

1-19 正解图 黑1、3扳粘，白棋脱先；如白棋先下到3位打吃是先手。得出结论：黑1虽是后手，但可以破坏对方的先手，所以黑1是逆收官子。

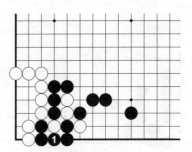

1-20 正解图 黑1提子，白棋脱先；如白棋先下到1位提子是先手。得出结论：黑1虽是后手，但可以破坏对方的先手，所以黑1是逆收官子。

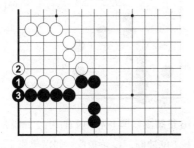

1-21 正解图 黑1、3扳粘，白棋脱先，白空没棋；如白棋先下到3位扳是先手收官。得出结论：黑1虽是后手，但可以破坏对方的先手，所以黑1是逆收官子。

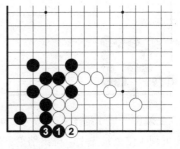

1-22 正解图 黑1、3扳粘，白棋脱先；如白棋先下到3位扳粘也是后手。得出结论：黑1是双方后手官子。

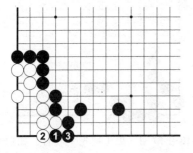

1-23 正解图 黑1、3扳粘，白棋脱先；如白棋先下到3位扳粘也是后手。得出结论：黑1是双方后手官子。

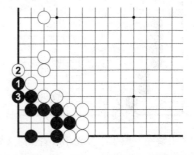

1-24 正解图 黑1、3扳粘，白棋脱先；如白棋先下到3位扳粘也是后手。得出结论：黑1是双方后手官子。

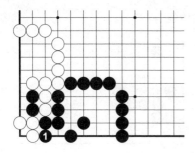

1-25 正解图 黑1挡,白棋脱先;如白棋先下到1位也是后手。得出结论:黑1是双方后手官子。

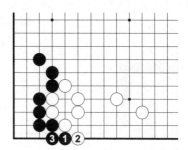

1-26 正解图 黑1、3扳粘,白棋脱先;如白棋先下到3位扳粘也是后手。得出结论:黑1是双方后手官子。

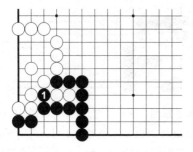

1-27 正解图 黑1提子,白棋脱先;如白棋先下到1位粘也是后手。得出结论:黑1是双方后手官子。

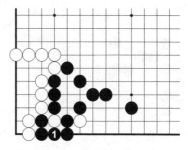

1-28 正解图 黑1提子,白棋脱先;如白棋先下到1位也是后手。得出结论:黑1是双方后手官子。

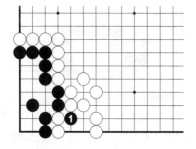

1-29 正解图 黑1断吃,白棋脱先;如白棋先下到1位也是后手。得出结论:黑1是双方后手官子。

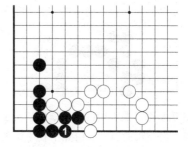

1-30 正解图 黑1粘,白棋脱先;如白棋先下到1位也是后手。得出结论:黑1是双方后手官子。

第二章 官子的价值

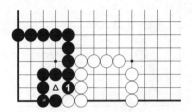

2-1 正解图 黑棋下 1 位可以增加三角位置的 1 目，白棋目数没有变化；黑棋 1 位的官子计算方法是黑棋增加 1 目加上白棋减少 0 目。得出结论：黑 1 是后手 1 目官子。

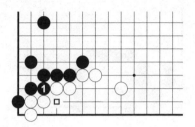

2-2 正解图 黑棋下 1 位之后白棋方形位置减少 1 目（白气紧之后必须要补断），黑棋目数没有变化；黑棋 1 位的官子计算方法是黑棋增加 0 目加上白棋减少 1 目。得出结论：黑 1 是后手 1 目官子。

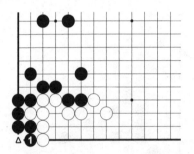

2-3 正解图 黑下 1 位之后可以增加三角位置 1 目，白空没有减少。白先下在 1 位，黑三角位置没空，白空没有变化；黑棋 1 位的官子计算方法是黑棋增加 1 目加上白棋减少 0 目。得出结论：黑 1 是后手 1 目官子。

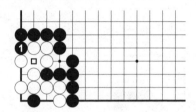

2-4 正解图 黑下 1 位之后黑空没有增加，但是破坏白棋方形位置的 1 目；白先下在 1 位可以增加方形位置的 1 目，黑空没变化；黑棋 1 位的官子计算方法是黑棋增加 0 目加上白棋减少 1 目。得出结论：黑 1 是后手 1 目官子。

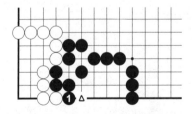

2-5 正解图 黑下 1 位之后增加三角位置 1 目，白空没有减少；白先下在 1 位黑三角位置没空，白空没有增加；黑棋 1 位的官子计算方法是黑棋增加 1 目加上白棋减少 0 目。得出结论：黑 1 抢占了白棋的先手，所以是逆收 1 目官子，比后手 1 目大。

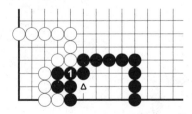

2-6 正解图 黑下 1 位之后增加三角位置 1 目，白空没有减少；白先下在 1 位，黑需要粘在三角位置，所以黑三角位置没空，白空无变化；黑棋 1 位的官子计算方法是黑棋增加 1 目加上白棋减少 0 目。得出结论：黑 1 抢占了白棋的先手，所以是逆收 1 目官子，比后手 1 目大。

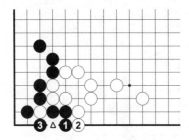

2-7 正解图 黑下1位之后增加三角位置1目，白空没有减少；若白先下在1位，黑三角位置则没空，白空无变化；黑棋1位的官子计算方法是黑棋增加1目加上白棋减少0目。得出结论：黑1抢占了白棋的先手，所以是逆收1目官子，比后手1目大。

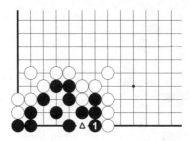

2-8 正解图 黑下1位之后增加三角位置1目，白空无变化；若白先下在1位，黑三角位置则没空，白空无变化；黑棋1位的官子计算方法是黑棋增加1目加上白棋减少0目。得出结论：黑1抢占了白棋的先手，所以是逆收1目官子。

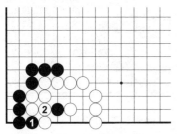

2-9 正解图 黑下1位之后减少白棋2位1目空；黑空没有增加；黑棋1位的官子计算方法是黑棋增加0目加上白棋减少1目。得出结论：黑1是先手1目官子。

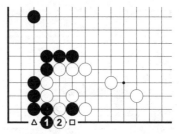

2-10 正解图 黑下1位可以增加三角位置1目；白空无变化；白2若脱先，黑下方形位置立，白空损失较大。若白先下在1位扳，黑三角位置则没空；黑1如在2位扳则是后手2目官子，选先手1目还是后手2目可根据实战情况；黑棋1位的官子计算方法是黑棋增加1目加上白棋减少0目。得出结论：黑1是先手1目官子。

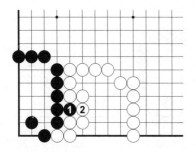

2-11 正解图 黑下1位之后减少白棋2位1目空；黑空没有增加；黑棋1位的官子计算方法是黑棋增加0目加上白棋减少1目。得出结论：黑1是先手1目官子（白先下就是逆收1目官子）。

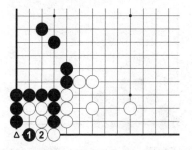

2-12 正解图 黑下 1 位可以增加三角位置 1 目；白空无变化；若白先下在 1 位，黑三角位置则没空；黑棋 1 位的官子计算方法是黑棋增加 1 目加上白棋减少 0 目。得出结论：黑 1 是先手 1 目官子（白先下就是逆收 1 目官子）。

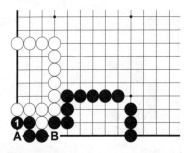

2-14 正解图 黑下 1 之后可以增加 A,B 位置的 2 目空；白空没有变化。若白先下在 1 位，黑气紧之后 B 位需要连接，黑会减少 A 与 B 位置的 2 目空。黑棋 1 位的官子计算方法是黑棋增加 2 目加上白棋减少 0 目。得出结论：黑 1 是后手 2 目官子。

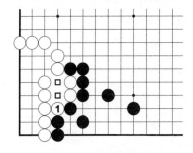

2-15 参考图 白先下可以增加方形位置 2 目空；和正解图相比较白增加 2 目，黑空没变化，这是一个后手 2 目的官子。

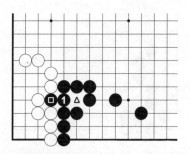

2-13 正解图 黑 1 粘上可以增加三角位置 1 目空；若白先下在 1 位，可以吃掉方形 1 目。黑棋 1 位的官子计算方法是黑棋增加 1 目加上白棋减少 1 目。得出结论：黑 1 是后手 2 目官子。

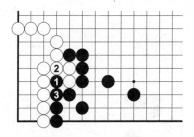

2-15 正解图 黑 1 打吃可以破坏白 2 目空，黑空没有增加；若白先下在 3 位，可以增加 2 目空，见参考图；黑棋 1 位的官子计算方法是黑棋增加 0 目加上白棋减少 2 目。得出结论：黑 1 是后手 2 目官子。

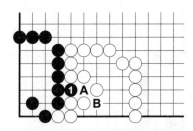

2-16 正解图 黑 1 冲，白 2 脱先，黑后续 A 位挤，白 B 位粘；黑可以破掉白棋 A 和 B 位置的 2 目空；黑空没有变化；白先下在 1 位，则 A 与 B 都属于白空；黑棋 1 位的官子计算方法是黑棋增加 0 目加上白棋减少 2 目。得出结论：黑 1 是后手 2 目官子。

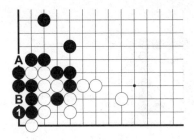

2-17 正解图 黑 1 之后做成一只真眼，可以增加 A 和 B 位置的 2 目空，白空没有变化；若白先下在 1 位，白空没有增加，黑以后需要在 A 位粘，所以减少了 A 和 B 位置的空；黑棋 1 位的官子计算方法是黑棋增加 2 目加上白棋减少 0 目。得出结论：黑 1 是后手 2 目官子。

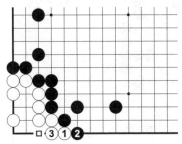

2-18 参考图 白下在 1 位扳粘之后，和正解图相比较增加方形位置 1 目空，同时减少黑棋 1 目空。

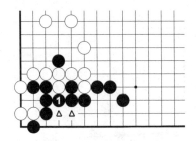

2-20 正解图 黑下 1 位之后增加三角位置 2 目，白空没有减少；若白先下在 1 位，黑三角位置则没空，白空也没有增加；黑棋 1 位的官子计算方法是黑棋增加 2 目加上白棋减少 0 目。得出结论：黑 1 抢占了白棋的先手，所以是逆收 2 目官子。

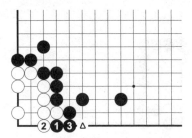

2-18 正解图 黑 1 扳粘之后增加三角位置 1 目空；同时减少白 1 目；白先下见参考图；黑 1 位的官子计算方法是黑棋增加 1 目加上白棋减少 1 目。得出结论：黑 1 是后手 2 目官子。

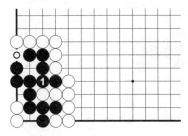

2-19 正解图 黑下 1 位自身没有增加实空，但是有效防止白棋提子；若白先下在 1 位，黑下圆形位置粘做眼，白空增加 2 目；黑棋 1 位的官子计算方法是黑棋增加 0 目加上白棋减少 2 目。得出结论：黑 1 抢占了白棋的先手，所以是逆收 2 目官子，比后手 2 目大。

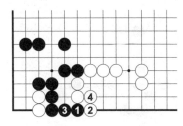

2-21 正解图 黑下 1 位先手减少白棋 2 位和 4 位的 2 目空；黑空无增加；黑棋 1 位的官子计算方法是黑棋增加 0 目加上白棋减少 2 目。得出结论：黑 1 是先手 2 目官子。

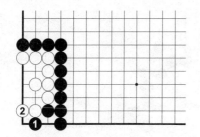

2-22 正解图 黑下1位先手减少白棋2目空，黑空无增加；白先下见参考图；黑棋1位的官子计算方法是黑棋增加0目加上白棋减少2目。得出结论：黑1是先手2目官子。

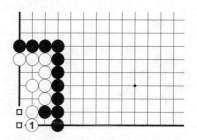

2-22 参考图 白先下在1位立，与正解图相比较增加方形位置2目。

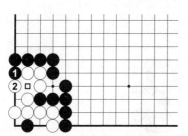

2-23 正解图 黑下1位先手减少白棋2位和方形位置2目空；黑空无变化；黑棋1位的官子计算方法是黑棋增加0目加上白棋减少2目。得出结论：黑1是先手2目官子。

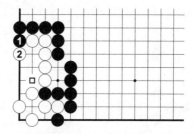

2-24 正解图 黑下1位之后，白最终要在方形位置粘补断，所以白减少2位和方形位置2目空；黑自身没有增加；黑棋1位的官子计算方法是黑棋增加0目加上白棋减少2目。得出结论：黑1是先手2目官子。

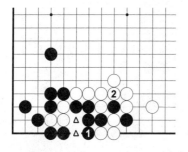

2-25 正解图 黑下1位先手增加三角位置2目空，白空无变化；若白先下在1位打吃，黑三角位置则没空；黑棋1位的官子计算方法是黑棋增加2目加上白棋减少0目。得出结论：黑1是双先2目官子。

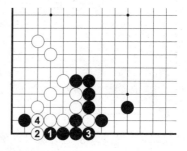

2-26 正解图 黑下1位先手减少白2目，黑空无变化；白先下见参考图；黑棋1位的官子计算方法是黑棋增加0目加上白棋减少2目。得出结论：黑1是双先2目官子。

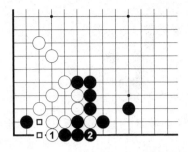

2-26 参考图 白先下1位打吃也是先手，与正解图相比较增加方形位置2目空，所以这是双先官子。

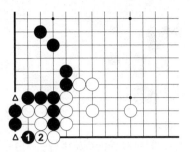

2-27 正解图 黑下1位先手增加三角位置2目空，白空无变化；若白先下在1位，黑三角位置则没空；黑棋1位的官子计算方法是黑棋增加2目加上白棋减少0目。得出结论：黑1是先手2目官子。

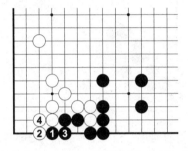

2-28 正解图 黑下1位先手减少白棋2位和4位2目空，黑空无增加；黑棋1位的官子计算方法是黑棋增加0目加上白棋减少2目。得出结论：黑1是先手2目官子。

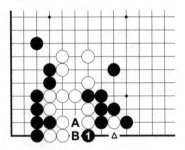

2-29 正解图 黑下1之后增加三角位置1目；同时减少白棋A、B位置2目空；白先下见参考图；黑棋1位的官子计算方法是黑棋增加1目加上白棋减少2目。得出结论：黑1是后手3目官子。

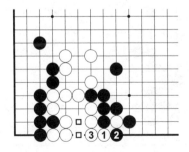

2-29 参考图 白先下1位扳，和正解图相比较增加方形位置2目，同时黑减少1目。

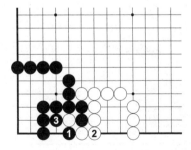

2-30 正解图 黑下1之后增加3目空；白空无减少；若白先下在1位粘，白空无变化，黑棋则减少3目；黑棋1位的官子计算方法是黑棋增加3目加上白棋减少0目。得出结论：黑1是后手3目官子。

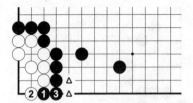

2-31 正解图 黑下 1 位之后增加三角位置 2 目,同时减少白 2 位 1 目空;白先下见参考图;黑棋 1 位的官子计算方法是黑棋增加 2 目加上白棋减少 1 目。得出结论:黑 1 抢占了白棋的先手,所以是逆收 3 目官子。

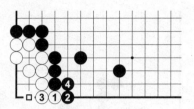

2-31 参考图 白 1 先手扳粘,与正解图相比较增加方形位置 1 目,同时黑棋减少 2 目,白先下是先手 3 目官子。

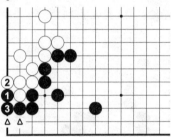

2-32 正解图 黑下 1 位之后增加三角位置 2 目,同时减少白 2 位 1 目空;白先下见参考图;黑棋 1 位的官子计算方法是黑棋增加 2 目加上白棋减少 1 目。得出结论:黑 1 抢占了白棋的先手,所以是逆收 3 目官子。

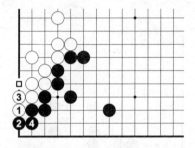

2-32 参考图 白先手扳粘,与正解图相比较增加方形位置 1 目,同时黑棋减少 2 目,白先下是先手 3 目官子。

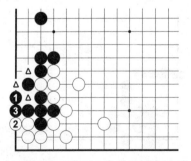

2-33 正解图 黑下 1 位之后增加三角位置 3 目,白空无减少;白先下见参考图;黑棋 1 位的官子计算方法是黑棋增加 3 目加上白棋减少 0 目。得出结论:黑 1 抢占了白棋的先手,所以是逆收 3 目官子。

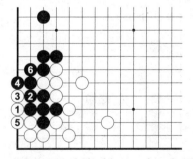

2-33 参考图 白先手打吃,与正解图相比较黑棋减少 3 目,白空无变化,白先下是先手 3 目官子。

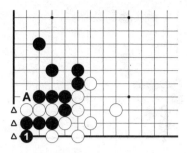

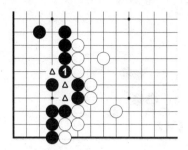

2-34 正解图 黑1可以增加三角位置3目，后续黑气紧之后需在A位补棋；白空无变化；若白先下1位三角位置则没空；黑棋1位的官子计算方法是黑棋增加3目加上白棋减少0目。得出结论：黑1抢占了白棋的先手，所以是逆收3目官子。

2-35 正解图 黑1挡可以增加三角位置的3目；白空无变化；白先见参考图；黑棋1位的官子计算方法是黑棋增加3目加上白棋减少0目。得出结论：黑1抢占了白棋的先手，所以是逆收3目官子。

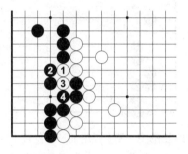

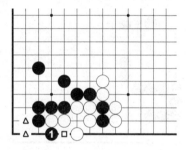

2-35 参考图 白1冲先手破空，与正解图相比较黑棋减少3目，白无变化，白先下是先手3目官子。

2-36 正解图 黑1扳增加三角位置2目，同时减少白棋方形位置1目；白先下见参考图；黑棋1位的官子计算方法是黑棋增加2目加上白棋减少1目。得出结论：黑1抢占了白棋的先手，所以是逆收3目官子。

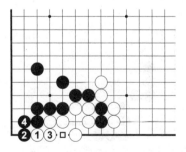

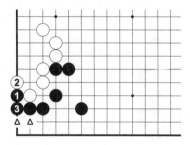

2-36 参考图 白1先手扳粘，和正解图相比较白棋增加方形位置1目，黑棋减少2目，白先下是先手3目官子。

2-37 正解图 黑1扳增加三角位置2目，同时减少白棋2位1目；白先下见参考图；黑棋1位的官子计算方法是黑棋增加2目加上白棋减少1目。得出结论：黑1抢占了白棋的先手，所以是逆收3目官子。

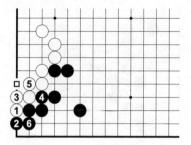

2-37 参考图 白1先手扳粘，与正解图相比较增加方形位置1目，同时黑棋减少2目；白先下是先手3目官子。

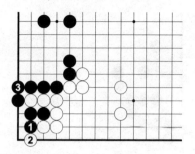

2-38 正解图 黑1拐之后黑目数无增加，但是减少白棋3目；白先下见参考图；黑棋1位的官子计算方法是黑棋增加0目加上白棋减少3目。得出结论：黑1抢占了白棋的先手，所以是逆收3目官子。

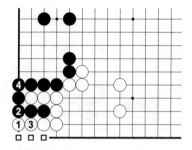

2-38 参考图 白1点先手收官，与正解图相比较增加方形位置3目空，黑空无变化；白先下是先手3目官子。

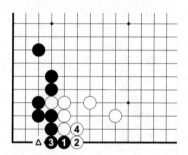

2-39 正解图 黑1扳增加三角位置1目，同时减少白棋2目；白先下见参考图；黑棋1位的官子计算方法是黑棋增加1目加上白棋减少2目。得出结论：黑1是先手3目官子。

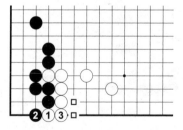

2-39 参考图 白1扳粘，与正解图相比较增加方形位置2目，同时黑棋减少2位1目空。

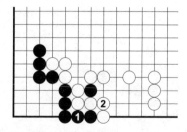

2-40 正解图 黑1粘黑空无增加，但是减少白棋3目；白先下见参考图；黑棋1位的官子计算方法是黑棋增加0目加上白棋减少3目。得出结论：黑1是先手3目官子。

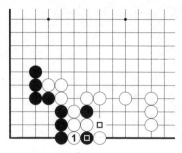

2-40 参考图 白1提子，与正解图相比较增加方形位置2目，黑空无变化；白先下是逆收3目官子。

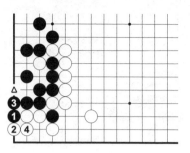

2-41 正解图 黑1扳增加三角位置1目，同时减少白棋2目；白先下见参考图；黑棋1位的官子计算方法是黑棋增加1目加上白棋减少2目。得出结论：黑1是先手3目官子。

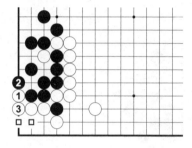

2-41 参考图 白1扳，与正解图相比较增加方形位置2目，同时黑棋减少2位1目空；白先下是逆收3目官子。

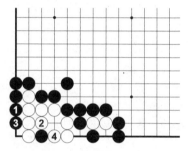

2-42 正解图 黑1之后黑空无增加，但是减少白棋3目；白2如在3位挡则会变成死棋；白先下见参考图；黑棋1位的官子计算方法是黑棋增加0目加上白棋减少3目。得出结论：黑1是先手3目官子。

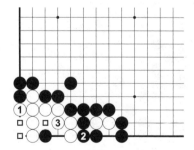

2-42 参考图 白1挡，与正解图相比较增加方形位置3目，黑空无变化；白先下是逆收3目官子。

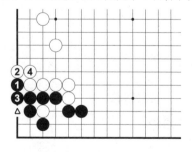

2-43 正解图 黑1扳粘先手增加三角位置1目空；同时减少白2。白先下见参考图；黑1位的官子计算方法是黑棋增加1目加上白棋减少2目。得出结论：黑1是先手3目官子。

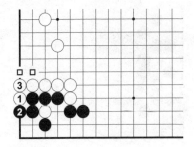

2-43 参考图 白1扳粘后手收官,与正解图相比较增加方形位置2目空,同时减少黑2位1目空;白先下是逆收3目官子。

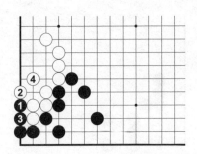

2-44 正解图 黑1之后黑空无增加,但是减少白棋3目;白2如下在3位则会被断吃;白先下见参考图;黑棋1位的官子计算方法是黑棋增加0目加上白棋减少3目。得出结论:黑1是先手3目官子。

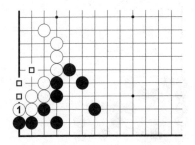

2-44 参考图 白1挡,与正解图相比较增加方形位置3目,黑空无变化;白先下是逆收3目官子。

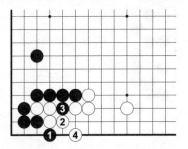

2-45 正解图 黑1之后黑空无增加,但是减少白棋3目;白先下见参考图;黑棋1位的官子计算方法是黑棋增加0目加上白棋减少3目。得出结论:黑1是先手3目官子。

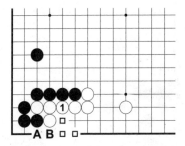

2-45 参考图 白1粘,后续一路扳粘双方均为后手,可以看成黑A与白B交换定型;与正解图相比较白棋增加方形位置3目,黑空无变化;白先下是逆收3目官子。

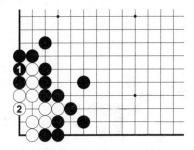

2-46 正解图 黑1粘实空无增加,但是减少白棋3目;白先下见参考图;黑棋1位的官子计算方法是黑棋增加0目加上白棋减少3目。得出结论:黑1是先手3目官子。

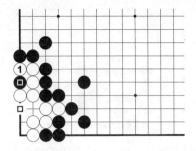

2-46 参考图　白1提子，与正解图相比较白棋增加方形位置3目，黑空无变化；白先下是逆收3目官子。

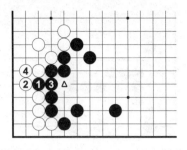

2-47 正解图　黑1挖粘先手增加三角位置1目空；同时减少白2目；白先下见参考图；黑1位的官子计算方法是黑棋增加1目加上白棋减少2目。得出结论：黑1是先手3目官子。

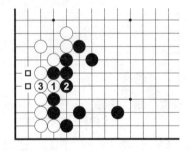

2-47 参考图　白1挖，与正解图相比较增加方形位置2目，同时黑棋减少1目；白先下是逆收3目官子。

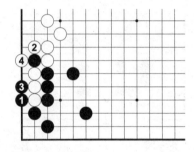

2-48 正解图　黑1扳黑空无增加，但是白棋减少3目；白先下见参考图；黑1位的官子计算方法是黑棋增加0目加上白棋减少3目。得出结论：黑1是先手3目官子。

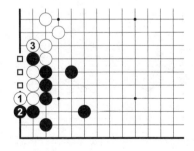

2-48 参考图　白1后手，与正解图相比较增加方形位置3目，黑空无变化；白先下是逆收3目官子。

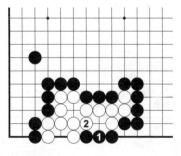

2-49 正解图　黑1粘实空无增加，但是白棋减少3目；白先下见参考图；黑1位的官子计算方法是黑棋增加0目加上白棋减少3目。得出结论：黑1是先手3目官子。

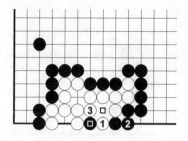

2-49 参考图 白1扑吃，与正解图相比较增加方形位置3目，黑空无变化，白先下是逆收3目官子。

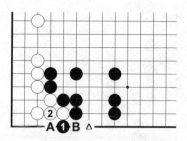

2-50 正解图 黑1打吃先手增加三角位置1目，同时白棋减少2目；后续定型为白A位打吃，黑B位粘；白先下见参考图；黑1位的官子计算方法是黑棋增加1目加上白棋减少2目。得出结论：黑1是先手3目官子。

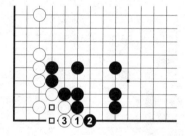

2-50 参考图 白1后手扳粘，与正解图相比较增加方形位置2目，同时黑棋减少1目，白先下是逆收3目官子。

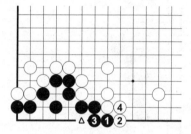

2-51 正解图 黑1扳粘先手增加三角位置1目，同时白棋减少2目；白先下见参考图；黑1位的官子计算方法是黑棋增加1目加上白棋减少2目。得出结论：黑1是先手3目官子。

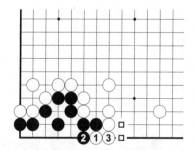

2-51 参考图 白1后手扳粘，与正解图相比较增加方形位置2目，同时黑棋减少1目，白先下是逆收3目官子。

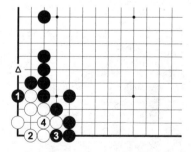

2-52 正解图 黑1扳先手增加三角位置1目，同时白棋减少2目；白先下见参考图；黑1位的官子计算方法是黑棋增加1目加上白棋减少2目。得出结论：黑1是先手3目官子。

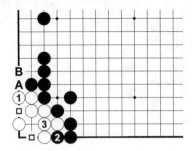

2-52 参考图 白1后手做眼，后续白A与黑B交换是白先手权利；与正解图相比较白棋增加方形位置2目，同时黑棋减少1目，白先下是逆收3目官子。

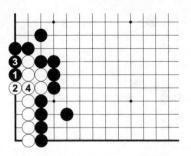

2-53 正解图 黑1托先手定型，黑空虽无增加，但是白棋减少3目；白棋下见参考图；黑1位的官子计算方法是黑棋增加0目加上白棋减少3目。得出结论：黑1是先手3目官子。

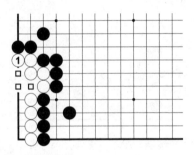

2-53 参考图 白1后手挡，与正解图相比较增加方形位置3目，黑空无变化，白先下是逆收3目官子。

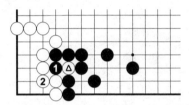

2-54 正解图 黑1提子先手增加三角位置2目，同时白棋减少1目；白先下见参考图；黑1位的官子计算方法是黑棋增加2目加上白棋减少1目。得出结论：黑1是先手3目官子。

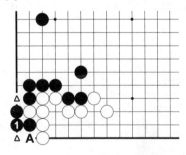

2-55 正解图 黑1粘可以减少白棋3目空；后续黑A位挡可以增加三角位置2目，但被白下在A位黑三角位置则没空，公平起见，A位的2目价值算一人一半，此时黑三角位置算有1目；白先下见参考图；黑棋1位的官子计算方法是黑棋增加1目加上白棋减少3目。得出结论：黑1是后手4目官子。

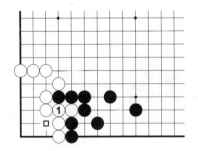

2-54 参考图 白1后手粘，与正解图相比较增加方形位置1目，同时黑棋减少2目，白先下是逆收3目官子。

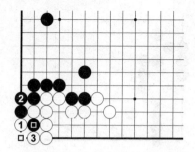

2-55 参考图 白1扑吃，与正解图相比较增加方形位置3目，同时黑棋也损失1目；正解图中黑1粘之后还有A位的剩余官子，一般算作先手那方的权利，双方都是后手的情况，剩余官子的价值就每人一半。

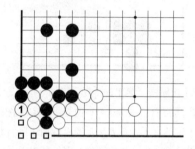

2-56 参考图 白下1位挡，与正解图相比较增加方形位置4目空，黑空无变化。

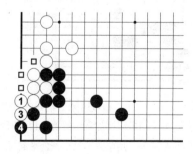

2-57 参考图 白先下在1位立，黑2脱先，白3是先手权利；与正解图相比较白棋增加方形位置3目空，黑减少1目。

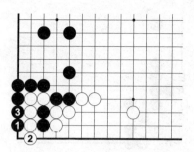

2-56 正解图 黑1托黑空没有增加，但是白棋减少4目空；白先下见参考图；黑棋1位的官子计算方法是黑棋增加0目加上白棋减少4目。得出结论：黑1是后手4目官子。

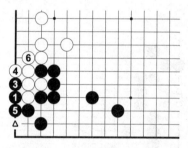

2-57 正解图 黑1扳之后，白2脱先，后续黑有3位的先手权利，黑增加三角位置1目，白减少3目；白先下见参考图；黑棋1位的官子计算方法是黑棋增加1目加上白棋减少3目。得出结论：黑1是后手4目官子。

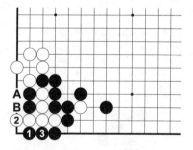

2-58 正解图 黑1之后黑空没有增加，但是白棋减少4目空，白气紧之后需要在A和B位补棋；白先下见参考图；黑棋1位的官子计算方法是黑棋增加0目加上白棋减少4目。得出结论：黑1是后手4目官子。

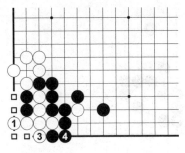

2-58 参考图 白1立是好手，黑2脱先，后续白3打吃是先手权利，与正解图相比较增加方形位置4目空，黑空无变化；白1如直接在3位打吃，被黑下在1位会形成打劫，白亏。

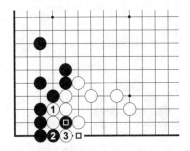

2-59 参考图 白1粘，与正解图相比较增加方形位置3目，同时黑棋也损失1目；正解图中黑3之后还有A位的剩余官子，一般算作先手那方的权利，双方都是后手的情况，剩余官子的价值就每人一半。

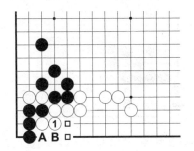

2-60 参考图 白1粘，黑2脱先，后续定型为黑A，白B；与正解图相比较白棋增加方形位置2目空，同时黑减少2目。

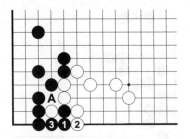

2-59 正解图 黑1立可以减少白棋3目空；后续黑A位提子可以增加2目，但被白下在A位黑就没空，公平起见，A位的2目价值算一人一半，此时算黑有1目；白先下见参考图；黑棋1位的官子计算方法是黑棋增加1目加上白棋减少3目。得出结论：黑1是后手4目官子。

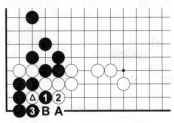

2-60 正解图 黑1断吃之后增加三角位置2目，白减少2目；后续定型为白A与黑B交换各围各空；白先下见参考图；黑棋1位的官子计算方法是黑棋增加2目加上白棋减少2目。得出结论：黑1是后手4目官子。

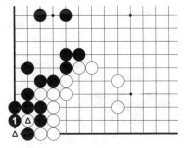

2-61 正解图 黑1提子增加三角位置3目，白减少1目；白先下见参考图；黑棋1位的官子计算方法是黑棋增加3目加上白棋减少1目。得出结论：黑1是后手4目官子。

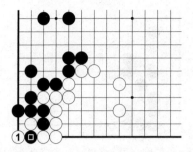

2-61 参考图 白 1 提子，与正解图相比较白棋增加方形位置 1 目空，同时黑减少 3 目。

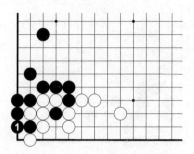

2-62 正解图 黑 1 粘实空无增加，但是白棋减少 4 目空；白先下见参考图；黑棋 1 位的官子计算方法是黑棋增加 0 目加上白棋减少 4 目。得出结论：黑 1 是后手 4 目官子。

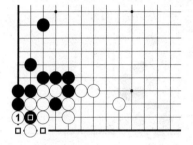

2-62 参考图 白 1 提子，与正解图相比较白棋增加方形位置 4 目空，黑空无变化。

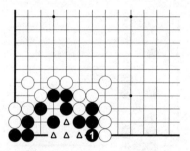

2-63 正解图 黑 1 之后增加三角位置 4 目空，白空无变化；白先下见参考图；黑棋 1 位的官子计算方法是黑棋增加 4 目加上白棋减少 0 目。得出结论：黑 1 是后手 4 目官子。

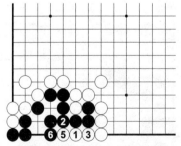

2-63 参考图 白 1 托，黑 4 脱先，后续白 5 是先手权利；与正解图相比较黑棋减少 4 目，白空无变化。

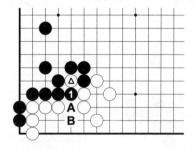

2-64 正解图 黑 1 提子增加三角位置 2 目空，后续黑 A 与白 B 的交换是先手权利，白减少 2 目；白先下见参考图；黑棋 1 位的官子计算方法是黑棋增加 2 目加上白棋减少 2 目。得出结论：黑 1 是后手 4 目官子。

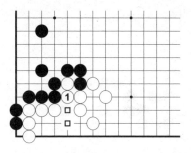

2-64 参考图　白1粘，与正解图相比较白棋增加方形位置2目空，同时黑减少2目。

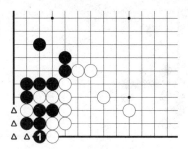

2-65 正解图　黑1之后增加三角位置4目空，白空无变化；白先下见参考图；黑棋1位的官子计算方法是黑棋增加4目加上白棋减少0目。得出结论：黑1是后手4目官子。

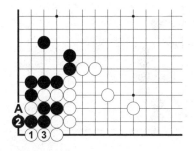

2-65 参考图　白1托，黑气紧之后A位需要补棋，与正解图相比较黑棋减少4目空，白空无增加。

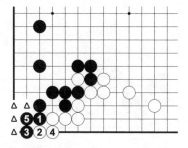

2-66 正解图　黑1挡之后增加三角位置4目，白空无变化；白先下见参考图；黑棋1位的官子计算方法是黑棋增加4目加上白棋减少0目。得出结论：黑1抢占了白棋的先手，所以是逆收4目官子。

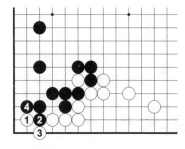

2-66 参考图　白1跳，与正解图相比较黑减少4目，白空无增加。白1也可在2位爬，但不是绝先，黑如应在1位扳，与参考图相比较双方各自增加1目；白1跳是先手4目官子。

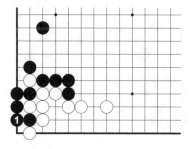

2-67 正解图　黑1粘黑空无增加，但白棋减少4目；白先下见参考图；黑棋1位的官子计算方法是黑棋增加0目加上白棋减少4目。得出结论：黑1抢占了白棋的先手，所以是逆收4目官子。

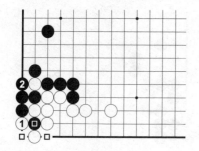

2-67 参考图　白1先手提子，与正解图相比增加方形位置4目，黑空无变化。白先下是先手4目官子。

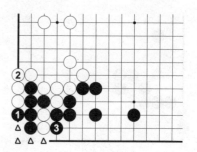

2-68 正解图　黑1打吃之后增加三角位置4目，白空无变化；白先下见参考图；黑棋1位的官子计算方法是黑棋增加4目加上白棋减少0目。得出结论：黑1抢占了白棋的先，手所以是逆收4目官子。

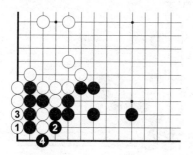

2-68 参考图　白1先手定型，与正解图相比较黑棋减少4目，白空无增加。白先下是先手4目官子。

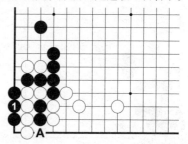

2-69 正解图　黑1粘实空无增加，但白棋减少4目；白气紧之后A位需补棋；白先下见参考图；黑棋1位的官子计算方法是黑棋增加0目加上白棋减少4目。得出结论：黑1抢占了白棋的先手，所以是逆收4目官子。

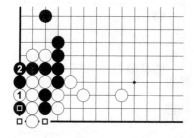

2-69 参考图　白1先手打吃，与正解图相比增加方形位置4目，黑空无变化。白先下是先手4目官子。

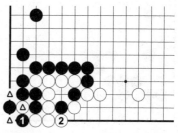

2-70 正解图　黑1先手提子，增加三角位置4目，白空无变化；白先下见参考图，黑棋1位的官子计算方法是黑棋增加4目加上白棋减少0目。得出结论：黑1是先手4目官子。

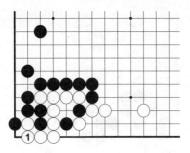

2-70 参考图 白1粘，与正解图相比较黑棋减少4目，白空无增加。

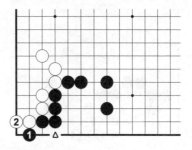

2-71 正解图 黑1先手扳，增加三角位置1目，白减少3目空；白先下见参考图；黑棋1位的官子计算方法是黑棋增加1目加上白棋减少3目。得出结论：黑1是先手4目官子。

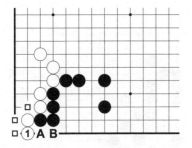

2-71 参考图 白1立，后续白A与黑B交换是先手权利；与正解图相比较白增加方形位置3目，同时黑减少1目。

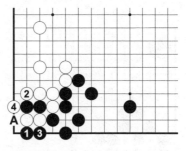

2-72 正解图 黑1先手定型，黑空无增加，但白减少4目空；白2如在3位挡，黑下A位形成打劫，白不利；白先下见参考图；黑棋1位的官子计算方法是黑棋增加0目加上白棋减少4目。得出结论：黑1是先手4目官子。

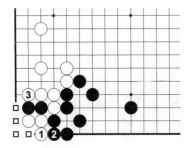

2-72 参考图 白1弯，与正解图相比较增加方形位置4目，黑空无变化。

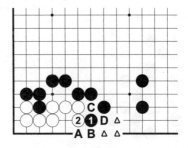

2-73 正解图 黑1小尖之后增加三角位置3目，白棋减少1目；后续定型为白A，黑B，白C，黑D；白先下见参考图；黑棋1位的官子计算方法是黑棋增加3目加上白棋减少1目。得出结论：黑1是双先4目官子。

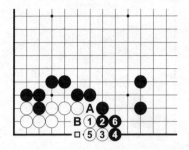

2-73 参考图 白 1 小尖先手定型，与正解图相比较增加方形位置 1 目，同时黑空减少 3 目。后续黑 A 与白 B 交换是黑先手权利。

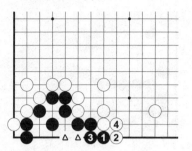

2-74 正解图 黑 1 扳粘之后增加三角位置 2 目，白棋减少 2 目；白先下见参考图；黑棋 1 位的官子计算方法是黑棋增加 2 目加上白棋减少 2 目。得出结论：黑 1 是先手 4 目官子。

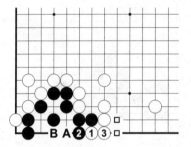

2-74 参考图 白 1 扳粘，与正解图相比较增加方形位置 2 目，同时黑空减少 2 目。后续黑气紧之后需在 A 位补棋，否则白 B 位托黑整块被吃。

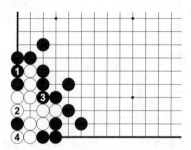

2-75 正解图 黑 1 粘先手定型，黑空无增加，但白棋减少 4 目；白先下见参考图；黑棋 1 位的官子计算方法是黑棋增加 0 目加上白棋减少 4 目。得出结论：黑 1 是先手 4 目官子。

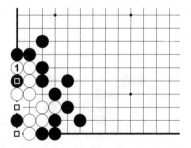

2-75 参考图 白 1 提子，与正解图相比较增加方形位置 4 目，黑空无变化。

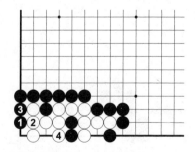

2-76 正解图 黑 1 点先手定型，黑空无增加，但白棋减少 4 目；白先下见参考图；黑棋 1 位的官子计算方法是黑棋增加 0 目加上白棋减少 4 目。得出结论：黑 1 是先手 4 目官子。

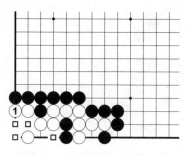

2-76 参考图 白1挡,与正解图相比较增加方形位置4目,黑空无变化。

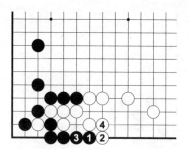

2-77 正解图 黑1托先手定型,黑空无增加,但白棋减少4目;白2如在3位扑劫,风险极大,需要考虑实战情况;白先下见参考图;黑棋1位的官子计算方法是黑棋增加0目加上白棋减少4目。得出结论:黑1是双先4目官子。

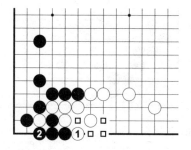

2-77 参考图 白1先手打吃,与正解图相比较增加方形位置4目,黑空无变化。

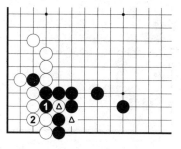

2-78 正解图 黑1提子增加三角位置3目,白棋减少1目;白先下见参考图;黑棋1位的官子计算方法是黑棋增加3目加上白棋减少1目。得出结论:黑1是双先4目官子。

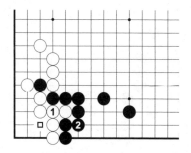

2-78 参考图 白1先手粘,与正解图相比较增加方形位置1目,同时黑空减少3目。

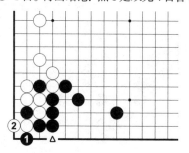

2-79 正解图 黑1先手打吃,增加三角位置1目,白减少3目空;白先下见参考图;黑棋1位的官子计算方法是黑棋增加1目加上白棋减少3目。得出结论:黑1是先手4目官子。

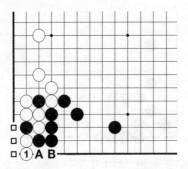

2-79 参考图　白1立，后续白A与黑B交换是先手权利；与正解图相比较白增加方形位置3目，同时黑减少1目。

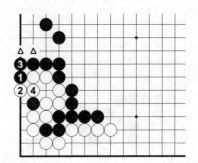

2-80 正解图　黑1扳粘之后增加三角位置2目，白棋减少2目；白先下见参考图；黑棋1位的官子计算方法是黑棋增加2目加上白棋减少2目。得出结论：黑1是双先4目官子。

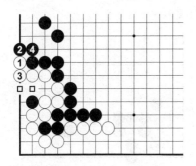

2-80 参考图　白1先手扳粘，与正解图相比较增加方形位置2目，同时黑空减少2目。

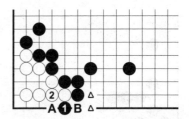

2-81 正解图　黑1先手打吃增加三角位置2目，白棋减少2目；后续白A与黑B交换是白先手权利；白先下见参考图；黑棋1位的官子计算方法是黑棋增加2目加上白棋减少2目。得出结论：黑1是双先4目官子。

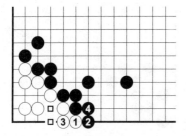

2-81 参考图　白1先手扳粘，与正解图相比较增加方形位置2目，同时黑空减少2目。

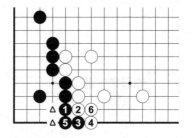

2-82 正解图　黑1先手立增加三角位置2目，白棋减少2目；白先下见参考图；黑棋1位的官子计算方法是黑棋增加2目加上白棋减少2目。得出结论：黑1是双先4目官子。

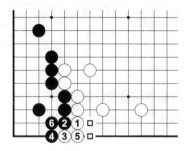

2-82 参考图 白1立先手定型，与正解图相比较增加方形位置2目，同时黑空减少2目。

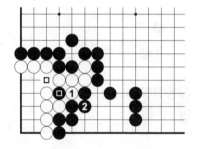

2-83 参考图 白1先手提子，与正解图相比较增加方形位置3目，同时黑空减少1目。黑2如脱先，被白断吃损失巨大，黑不敢脱先。

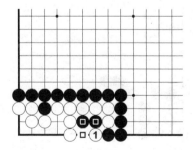

2-84 参考图 白1扑吃，与正解图相比较增加方形位置5目，黑空无变化。

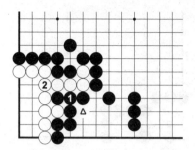

2-83 正解图 黑1先手增加三角位置1目，同时白棋减少3目；白先下见参考图；黑棋1位的官子计算方法是黑棋增加1目加上白棋减少3目。得出结论：黑1是双先4目官子。

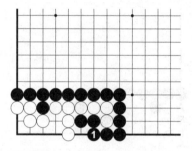

2-84 正解图 黑1后手粘黑空无增加，但白减少5目；白先下见参考图；黑棋1位的官子计算方法是黑棋增加0目加上白棋减少5目。得出结论：黑1是后手5目官子。

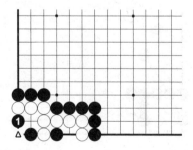

2-85 正解图 黑1小尖做眼形成双活，增加三角位置1目，同时白减少4目；白先下见参考图；黑棋1位的官子计算方法是黑棋增加1目加上白棋减少4目。得出结论：黑1是后手5目官子。

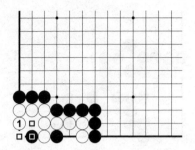

2-85 参考图 白1补棋，与正解图相比较增加方形位置4目，同时黑损失1目。

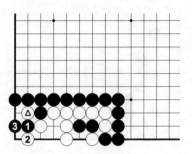

2-86 正解图 黑1断吃增加三角位置2目，同时白棋减少3目；白先下见参考图；黑棋1位的官子计算方法是黑棋增加2目加上白棋减少3目。得出结论：黑1是后手5目官子。

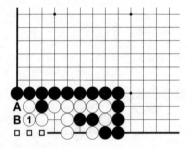

2-86 参考图 白1粘，后续黑A与白B交换是黑先手权利，与正解图相比较白增加方形位置3目，同时黑减少2目。

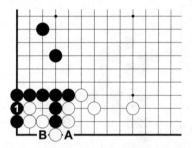

2-87 正解图 黑1粘实空虽无增加，但白空减少5目；后续白气紧之后A与B都需要连接；白先下见参考图；黑棋1位的官子计算方法是黑棋增加0目加上白棋减少5目。得出结论：黑1是后手5目官子。

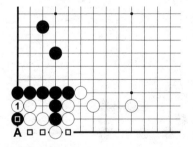

2-87 参考图 白1冲吃，后续白气紧之后A位需要补棋；与正解图相比较白增加方形位置5目，黑空无变化。

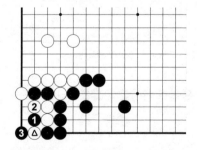

2-88 正解图 黑1断吃增加三角位置1目，同时白空减少4目；白先下见参考图；黑棋1位的官子计算方法是黑棋增加1目加上白棋减少4目。得出结论：黑1是后手5目官子。

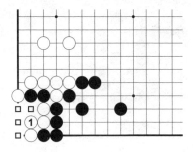

2-88 **参考图** 白1粘，与正解图相比较白棋增加方形位置4目，同时黑空减少1目。

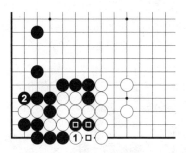

2-89 **参考图** 白1先手定型，与正解图相比较增加方形位置5目，黑空无变化；白先下是先手5目官子。

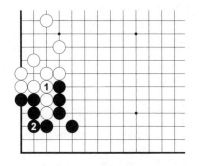

2-90 **参考图** 白1先手定型，与正解图相比较黑损失5目，白空无增加；白先下是先手5目官子。

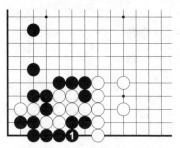

2-89 **正解图** 黑1粘黑空无增加，但白棋减少5目；白先下见参考图；黑棋1位的官子计算方法是黑棋增加0目加上白棋减少5目。得出结论：黑1抢占了白棋的先手，所以是逆收5目官子。

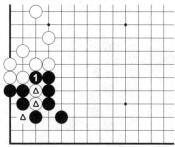

2-90 **正解图** 黑1提子增加三角位置5目，白空无变化；白先下见参考图；黑棋1位的官子计算方法是黑棋增加5目加上白棋减少0目。得出结论：黑1抢占了白棋的先手，所以是逆收5目官子。

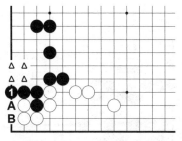

2-91 **正解图** 黑1立增加三角位置4目，白空减少1目；后续黑A与白B交换是黑棋的先手权利；白先下见参考图；黑棋1位的官子计算方法是黑棋增加4目加上白棋减少1目。得出结论：黑1抢占了白棋的先手，所以是逆收5目官子。

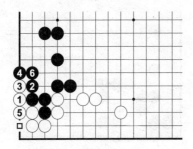

2-91 参考图　白1扳先手定型，与正解图相比较增加方形位置1目，黑空减少4目；白先下是先手5目官子。

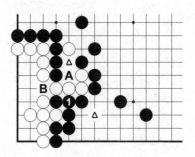

2-92 正解图　黑1粘增加三角位置2目，白空减少3目；后续黑A与白B交换是黑棋的先手权利；白先下见参考图；黑棋1位的官子计算方法是黑棋增加2目加上白棋减少3目。得出结论：黑1抢占了白棋的先手，所以是逆收5目官子。

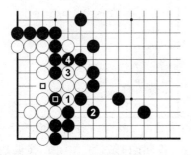

2-92 参考图　白1提子先手定型，与正解图相比较增加方形位置3目，黑空减少2目；白先下是先手5目官子。

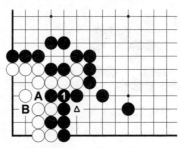

2-93 正解图　黑1粘增加三角位置1目，白空减少4目；后续黑A与白B交换是黑棋的先手权利；白先下见参考图；黑棋1位的官子计算方法是黑棋增加1目加上白棋减少4目。得出结论：黑1抢占了白棋的先手，所以是逆收5目官子。

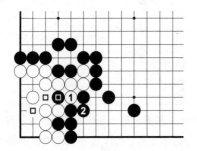

2-93 参考图　白1断吃先手定型，与正解图相比较增加方形位置4目，黑空减少1目；白先下是先手5目官子。

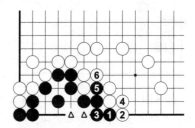

2-94 正解图　黑1扳粘增加三角位置2目，白空减少3目；白先下见参考图；黑棋1位的官子计算方法是黑棋增加2目加上白棋减少3目。得出结论：黑1是先手5目官子。

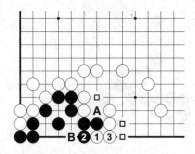

2-94 参考图 白1扳粘，与正解图相比较增加方形位置3目，黑空减少2目；后续白A与黑B交换是白先手权利，如果黑4立刻下A位破空，白棋就由后手变为先手收官，黑不满。

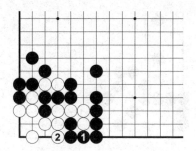

2-95 正解图 黑1粘先手收官，黑空虽无增加，但白空减少5目；白2如脱先，黑下2位冲，白整块被吃；白先下见参考图；黑棋1位的官子计算方法是黑棋增加0目加上白棋减少5目。得出结论：黑1是先手5目官子。

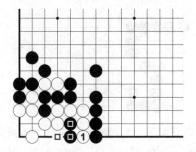

2-95 参考图 白1冲吃与正解图相比较增加方形位置5目，黑空无变化。

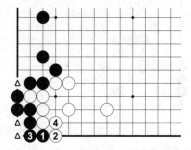

2-96 正解图 黑1扳粘增加三角位置3目，白空减少2目；白先下见参考图；黑棋1位的官子计算方法是黑棋增加3目加上白棋减少2目。得出结论：黑1是先手5目官子。

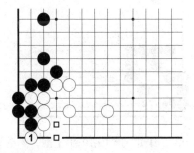

2-96 参考图 白1扳与正解图相比较增加方形位置2目，黑空减少3目。

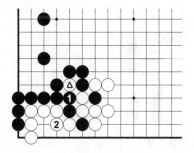

2-97 正解图 黑1提子增加三角位置2目，白空减少3目；白先下见参考图；黑棋1位的官子计算方法是黑棋增加2目加上白棋减少3目。得出结论：黑1是先手5目官子。

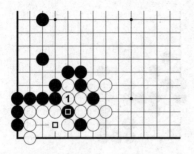

2-97 参考图　白1提子，与正解图相比较增加方形位置3目，黑空减少2目。

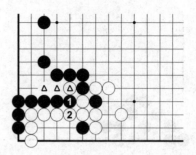

2-98 正解图　黑1先手断吃增加三角位置4目，白空减少1目；白2如脱先，被黑下2位冲断白崩溃；白先下见参考图；黑棋1位的官子计算方法是黑棋增加4目加上白棋减少1目。得出结论：黑1是先手5目官子。

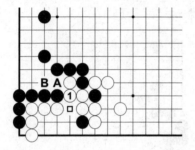

2-98 参考图　白1粘，与正解图相比较增加方形位置1目，黑空减少4目；后续白A与黑B交换是白先手权利。

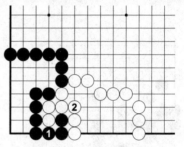

2-99 正解图　黑1粘先手定型，黑空虽无增加，但白空减少5目；白2如脱先，被黑下2位分断白崩溃；白先下见参考图；黑棋1位的官子计算方法是黑棋增加0目加上白棋减少5目。得出结论：黑1是先手5目官子。

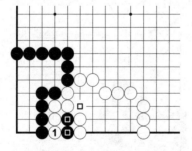

2-99 参考图　白1提子，与正解图相比较增加方形位置5目，黑空无变化。

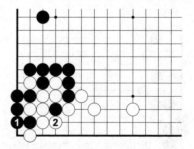

2-100 正解图　黑1粘先手定型，黑空虽无增加，但白空减少5目；白先下见参考图；黑棋1位的官子计算方法是黑棋增加0目加上白棋减少5目。得出结论：黑1是双先5目官子。

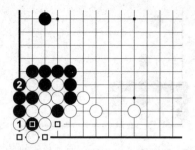

2-100 **参考图**　白1先手提子，与正解图相比较增加方形位置5目，黑空无变化。

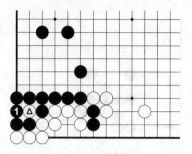

2-101 **正解图**　黑1提子增加三角位置2目，白空减少4目；白先下见参考图；黑棋1位的官子计算方法是黑棋增加2目加上白棋减少4目。得出结论：黑1是后手6目官子。

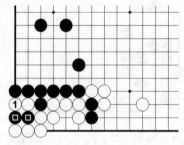

2-101 **参考图**　白1提子，与正解图相比较增加方形位置4目，同时黑空减少2目。

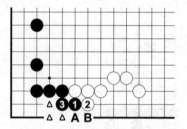

2-102 **正解图**　黑1扳粘收官增加三角位置3目，白空减少3目；后续一路扳粘双方都是后手，可以按照黑A与白B定型，各围各空，互不吃亏；白先下见参考图；黑棋1位的官子计算方法是黑棋增加3目加上白棋减少3目。得出结论：黑1是后手6目官子。

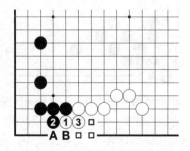

2-102 **参考图**　白1扳粘，与正解图相比较增加方形位置3目，同时黑空减少3目；后续一路扳粘也是双后，可以看成黑A与白B定型。

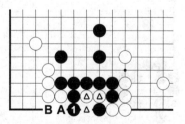

2-103 **正解图**　黑1立增加三角位置5目，白空减少1目；后续黑A与白B交换是黑先手权利；白先下见参考图；黑棋1位的官子计算方法是黑棋增加5目加上白棋减少1目。得出结论：黑1是后手6目官子。

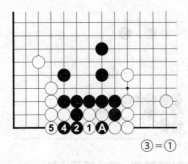

③＝①

2-103 参考图 白1提子，与正解图相比较增加3位1目，同时黑空减少5目。

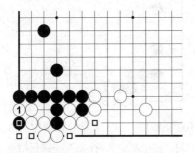

2-104 参考图 白1之后，与正解图相比较增加方形位置6目，黑空无变化。

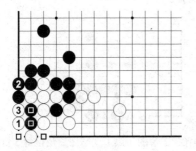

2-105 参考图 白1打吃，与正解图相比较增加方形位置6目，黑空无变化。

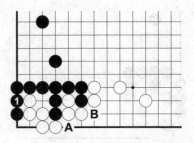

2-104 正解图 黑1粘，黑空虽无增加，但白空减少6目；后续白气紧之后A和B都需要连接；白先下见参考图；黑棋1位的官子计算方法是黑棋增加0目加上白棋减少6目。得出结论：黑1是后手6目官子。

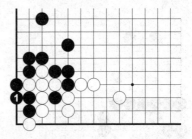

2-105 正解图 黑1粘，实空虽无增加，但白空减少6目；白先下见参考图；黑棋1位的官子计算方法是黑棋增加0目加上白棋减少6目。得出结论：黑1是后手6目官子。

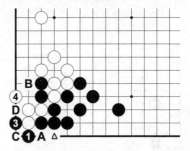

2-106 正解图 黑1扳，白2脱先，黑3先手定型，白4小尖好棋，最大限度围空，黑增加三角位置1目，白空减少5目；后续定型为黑A，白B，黑C，白D；白先下见参考图；黑棋1位的官子计算方法是黑棋增加1目加上白棋减少5目。得出结论：黑1是后手6目官子。

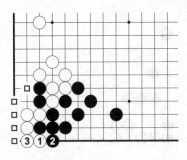

2-106 **参考图** 白1扳，粘与正解图相比较增加方形位置5目，黑减少1目。

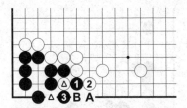

2-107 **正解图** 黑1断吃增加三角位置3目，白空减少3目；后续定型为白A，黑B，各围各空；白先下见参考图；黑棋1位的官子计算方法是黑棋增加3目加上白棋减少3目。得出结论：黑1是后手6目官子。

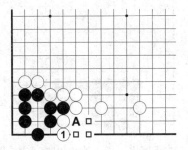

2-107 **参考图** 白1立，与正解图相比较增加方形位置3目，黑减少3目。后续白气紧之后A位需要连接。

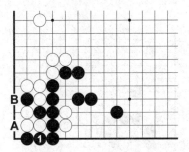

2-108 **正解图** 黑1粘，实空虽无增加，但白空减少6目；后续黑A与白B交换是黑先手权利；白先下见参考图；黑棋1位的官子计算方法是黑棋增加0目加上白棋减少6目。得出结论：黑1是后手6目官子。

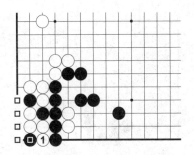

2-108 **参考图** 白1之后，与正解图相比较增加方形位置6目，黑空无变化。

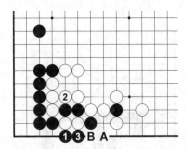

2-109 **正解图** 黑1打吃渡过，实空虽无增加，但白空减少6目；后续白A与黑B交换是白先手权利；白先下见参考图；黑棋1位的官子计算方法是黑棋增加0目加上白棋减少6目。得出结论：黑1是后手6目官子。

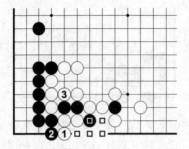

2-109 **参考图** 白1之后,与正解图相比较增加方形位置6目,黑空无变化。

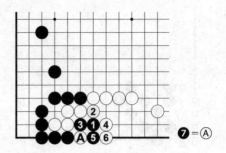

2-110 **正解图** 黑1点增加7位1目,白空减少5目;白先下见参考图;黑棋1位的官子计算方法是黑棋增加1目加上白棋减少5目。得出结论:黑1是后手6目官子。

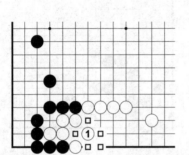

2-110 **参考图** 白1之后,与正解图相比较增加方形位置5目,黑空少1目。

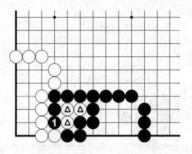

2-111 **正解图** 黑1提子增加三角位置6目,白空无变化;白先下见参考图;黑棋1位的官子计算方法是黑棋增加6目加上白棋减少0目。得出结论:黑1是后手6目官子。

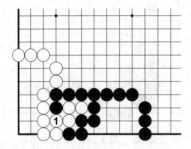

2-111 **参考图** 白1粘,与正解图相比较实空无增加,但黑空减少6目。

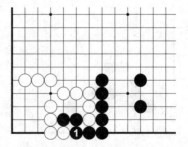

2-112 **正解图** 黑1粘,实空虽无增加,但白空减少6目;白先下见参考图;黑棋1位的官子计算方法是黑棋增加0目加上白棋减少6目。得出结论:黑1是后手6目官子。

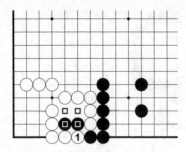

2-112 参考图 白1断吃,与正解图相比较增加方形位置6目,黑空无变化。

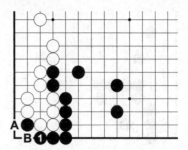

2-113 正解图 黑1渡过实空虽无增加,但白空减少6目;后续白A与黑B交换是白先手权利;白先下见参考图;黑棋1位的官子计算方法是黑棋增加0目加上白棋减少6目。得出结论:黑1是后手6目官子。

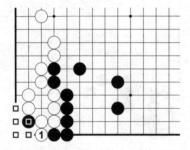

2-113 参考图 白1挡,与正解图相比较增加方形位置6目,黑空无变化。

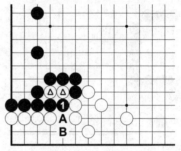

2-114 正解图 黑1提子增加三角位置4目,白空减少2目;后续黑A与白B交换是黑先手权利;白先下见参考图;黑棋1位的官子计算方法是黑棋增加4目加上白棋减少2目。得出结论:黑1是后手6目官子。

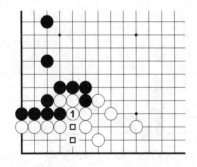

2-114 参考图 白1粘,与正解图相比较增加方形位置2目,黑空减少4目。

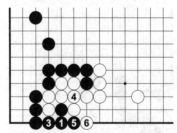

2-115 正解图 黑1立,白2脱先,黑3先手定型,黑实空虽无增加,但白空减少6目;白2如在5位跟着应,会让黑变成先手官子,白不满;白先下见参考图;黑棋1位的官子计算方法是黑棋增加0目加上白棋减少6目。得出结论:黑1是后手6目官子。

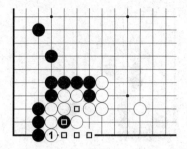

2-115 参考图　白1挡，与正解图相比较增加方形位置6目，黑空无变化。

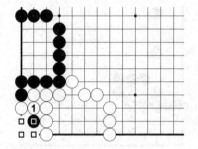

2-116 参考图　白1粘，与正解图相比较增加方形位置5目，黑空减少1目。

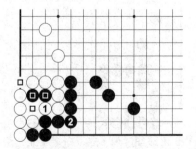

2-117 参考图　白1先手定型，与正解图相比较增加方形位置6目，黑空无变化；白先下是先手6目官子。

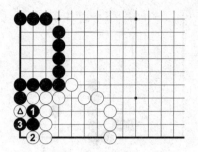

2-116 正解图　黑1断吃增加三角位置1目，白空减少5目；白先下见参考图；黑棋1位的官子计算方法是黑棋增加1目加上白棋减少5目。得出结论：黑1是后手6目官子。

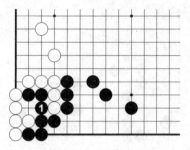

2-117 正解图　黑1粘实空虽无增加，但白空减少6目；白先下见参考图；黑棋1位的官子计算方法是黑棋增加0目加上白棋减少6目。得出结论：黑1抢占了白棋的先手，所以是逆收6目官子。

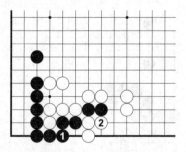

2-118 正解图　黑1粘先手定型，黑空虽无增加，但白空减少6目；白先下见参考图；黑棋1位的官子计算方法是黑棋增加0目加上白棋减少6目。得出结论：黑1是先手6目官子。

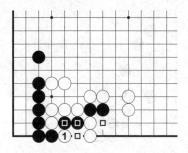

2-118 参考图 白1扑吃,与正解图相比较增加方形位置6目,黑空无变化。

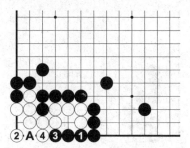

2-119 正解图 黑1粘先手定型,黑空虽无增加,但白空减少6目;白2如在3位挡,黑下A位形成劫杀,白崩溃;白先下见参考图;黑棋1位的官子计算方法是黑棋增加0目加上白棋减少6目。得出结论:黑1是先手6目官子。

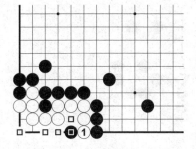

2-119 参考图 白1之后,与正解图相比较增加方形位置6目,黑空无变化。

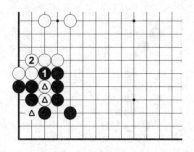

2-120 正解图 黑1提子增加三角位置5目,白空减少1目;白先下见参考图;黑棋1位的官子计算方法是黑棋增加5目加上白棋减少1目。得出结论:黑1是双先6目官子。

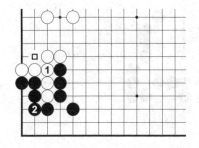

2-120 参考图 白1先手粘,与正解图相比较增加方形位置1目,黑空减少5目。

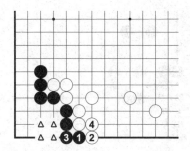

2-121 正解图 黑1扳粘增加三角位置4目,白空减少2目;白先下见参考图;黑棋1位的官子计算方法是黑棋增加4目加上白棋减少2目。得出结论:黑1是双先6目官子。

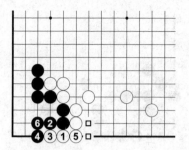

2-121 参考图　白1先手扳，与正解图相比较增加方形位置2目，黑空减少4目；黑2如在3位打吃，白2位断，黑空受损。

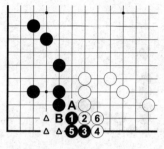

2-122 正解图　黑1小尖增加三角位置3目，白空减少3目；后续白A与黑B交换是白先手权利；白先下见参考图；黑棋1位的官子计算方法是黑棋增加3目加上白棋减少3目。得出结论：黑1是双先6目官子。

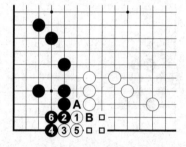

2-122 参考图　白1先手小尖，与正解图相比较增加方形位置3目，黑空减少3目；后续黑A与白B交换是黑先手权利。

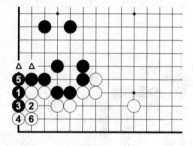

2-123 正解图　黑1扳增加三角位置2目，白空减少4目；白先下见参考图；黑棋1位的官子计算方法是黑棋增加2目加上白棋减少4目。得出结论：黑1是双先6目官子。

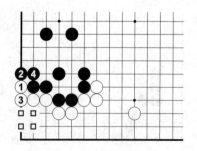

2-123 参考图　白1先手扳粘，与正解图相比较增加方形位置4目，黑空减少2目。

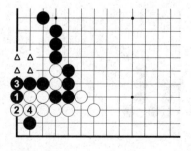

2-124 正解图　黑1扳粘增加三角位置4目，白空减少2目；白先下见参考图；黑棋1位的官子计算方法是黑棋增加4目加上白棋减少2目。得出结论：黑1是双先6目官子。

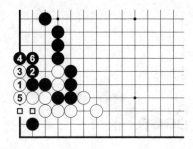

2-124 参考图 白1先手扳粘，与正解图相比较增加方形位置2目，黑空减少4目；黑2如在3位挡，白可下2位断吃。

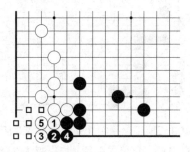

2-125 参考图 白1后手挡，与正解图相比较增加方形位置6目，黑空无变化。

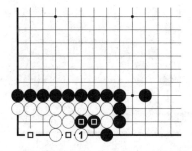

2-126 参考图 白1打吃，与正解图相比较增加方形位置6目，黑空无变化。

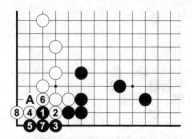

2-125 正解图 黑1跳之后，黑空虽无增加，但白空减少6目；黑7有开劫的选择，可根据实战情况做出判断，反之如果白棋劫材不利，白6可以在A位退，虽亏损半目，但是可以避免打劫；白先下见参考图；黑棋1位的官子计算方法是黑棋增加0目加上白棋减少6目。得出结论：黑1是先手6目官子。

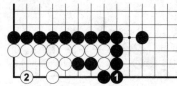

2-126 正解图 黑1粘，实空虽无增加，但白空减少6目；白2如脱先，被黑下在2位角上出现劫杀，白崩溃；白先下见参考图；黑棋1位的官子计算方法是黑棋增加0目加上白棋减少6目。得出结论：黑1是先手6目官子。

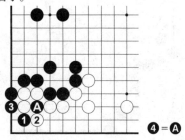

2-127 正解图 黑1打吃，实空虽无增加，但白空减少6目；白先下见参考图；黑棋1位的官子计算方法是黑棋增加0目加上白棋减少6目。得出结论：黑1是先手6目官子。

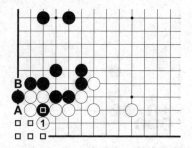

2-127 参考图 白1提子补棋，与正解图相比较增加方形位置6目，黑空无变化；后续白A与黑B交换是白先手权利。

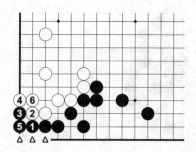

2-128 正解图 黑1先手立增加三角位置3目，白空减少3目；白先下见参考图；黑棋1位的官子计算方法是黑棋增加3目加上白棋减少3目。得出结论：黑1是先手6目官子。

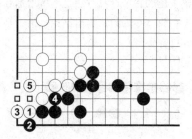

2-128 参考图 白1扳，与正解图相比较增加方形位置3目，黑空减少3目。

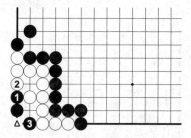

2-129 正解图 黑1冲完做眼形成双活，黑空增加三角位置1目，白空减少6目；白先下见参考图；黑棋1位的官子计算方法是黑棋增加1目加上白棋减少6目。得出结论：黑1是后手7目官子。

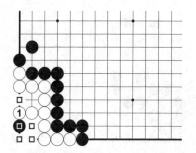

2-129 参考图 白1挡，与正解图相比较增加方形位置6目，黑空减少1目。

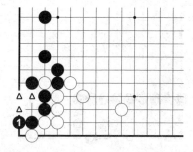

2-130 正解图 黑1立增加三角位置3目，白空减少4目；白先下见参考图；黑棋1位的官子计算方法是黑棋增加3目加上白棋减少4目。得出结论：黑1是后手7目官子。

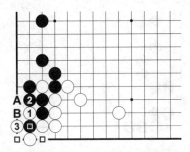

2-130 参考图 白1断吃，与正解图相比较增加方形位置4目，黑空减少3目；后续定型可以看成黑A与白B交换。

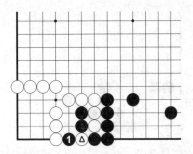

2-131 正解图 黑1提子增加三角位置1目，白空减少6目；白先下见参考图；黑棋1位的官子计算方法是黑棋增加1目加上白棋减少6目。得出结论：黑1是后手7目官子。

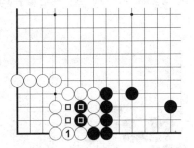

2-131 参考图 白1粘，与正解图相比较增加方形位置6目，黑空减少1目。

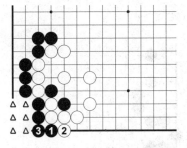

2-132 正解图 黑1扳粘增加三角位置6目，白空减少1目；白先下见参考图；黑棋1位的官子计算方法是黑棋增加6目加上白棋减少1目。得出结论：黑1是后手7目官子。

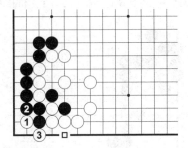

2-132 参考图 白1夹好棋，与正解图相比较增加方形位置1目，黑空减少6目。

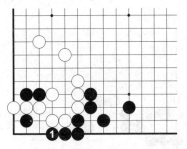

2-133 正解图 黑1渡过，实空虽无增加，但白空减少7目；白先下见参考图；黑棋1位的官子计算方法是黑棋增加0目加上白棋减少7目。得出结论：黑1是后手7目官子。

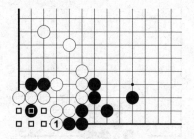

2-133 参考图 白1挡，与正解图相比较增加方形位置7目，黑空无变化。

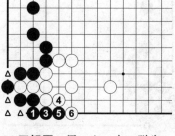

2-134 正解图 黑1立，白2脱先，后续黑3先手定型，黑增加三角位置4目，白空减少3目；白先下见参考图；黑棋1位的官子计算方法是黑棋增加4目加上白棋减少3目。得出结论：黑1是后手7目官子（白2如在3位挡，黑1就是先手4目官子）。

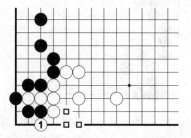

2-134 参考图 白1扳，与正解图相比较增加方形位置3目，黑空减少4目。

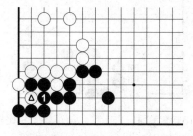

2-135 正解图 黑1粘增加三角位置2目，白空减少5目；白先下见参考图；黑棋1位的官子计算方法是黑棋增加2目加上白棋减少5目。得出结论：黑1是后手7目官子。

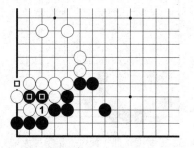

2-135 参考图 白1提子，与正解图相比较增加方形位置5目，黑空减少2目。

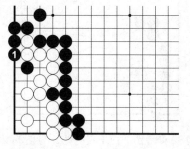

2-136 正解图 黑1渡过实空虽无增加，但白空减少7目；白先下见参考图；黑棋1位的官子计算方法是黑棋增加0目加上白棋减少7目。得出结论：黑1是后手7目官子。

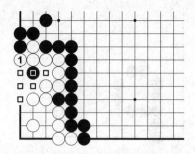

2-136 参考图 白1挡，与正解图相比较增加方形位置7目，黑空无变化。

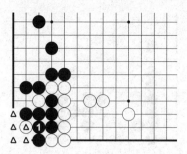

2-137 正解图 黑1粘增加三角位置6目，白空减少1目；白先下见参考图；黑棋1位的官子计算方法是黑棋增加6目加上白棋减少1目。得出结论：黑1是后手7目官子。

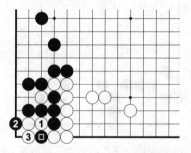

2-137 参考图 白1断吃，与正解图相比较增加方形位置1目，黑空减少6目。

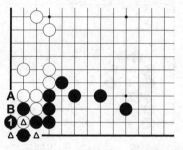

2-138 正解图 黑1增加三角位置4目，白空减少3目；后续定型可以看成白A与黑B交换，各围各空；白先下见参考图；黑棋1位的官子计算方法是黑棋增加4目加上白棋减少3目。得出结论：黑1是后手7目官子。

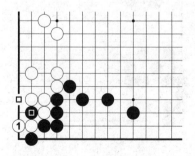

2-138 参考图 白1立，与正解图相比较增加方形位置3目，黑空减少4目。

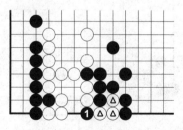

2-139 正解图 黑1增加三角位置5目，白空减少2目；白先下见参考图；黑棋1位的官子计算方法是黑棋增加5目加上白棋减少2目。得出结论：黑1是后手7目官子。

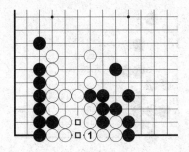

2-139 参考图　白1粘，与正解图相比较增加方形位置2目，黑空减少5目。

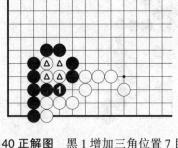

2-140 正解图　黑1增加三角位置7目，白空无变化；白先下见参考图；黑棋1位的官子计算方法是黑棋增加7目加上白棋减少0目。得出结论：黑1是后手7目官子。

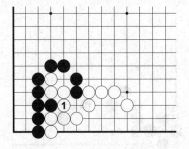

2-140 参考图　白1粘，与正解图相比较实空无增加，但黑空减少7目。

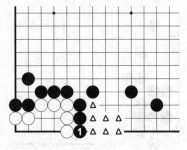

2-141 正解图　黑1挡增加三角位置7目，白空无变化；白先下见参考图；黑棋1位的官子计算方法是黑棋增加7目加上白棋减少0目。得出结论：黑1抢占了白棋的先手，所以是逆收7目官子。

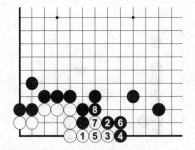

2-141 参考图　白1先手定型，与正解图相比较白空无增加，黑空减少7目。

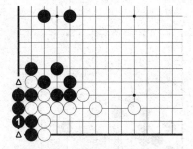

2-142 正解图　黑1粘增加三角位置2目，白空减少5目；白先下见参考图；黑棋1位的官子计算方法是黑棋增加2目加上白棋减少5目。得出结论：黑1抢占了白棋的先手，所以是逆收7目官子。

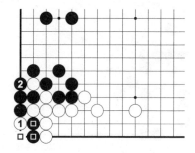

2-142 参考图 白 1 先手定型，与正解图相比较白空增加方形位置 5 目，黑空减少 2 目。

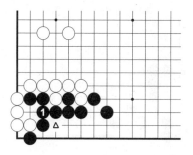

2-143 正解图 黑 1 粘增加三角位置 1 目，白空减少 6 目；白先下见参考图；黑棋 1 位的官子计算方法是黑棋增加 1 目加上白棋减少 6 目。得出结论：黑 1 抢占了白棋的先手，所以是逆收 7 目官子。

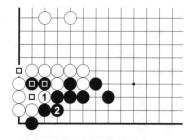

2-143 参考图 白 1 先手定型，与正解图相比较白空增加方形位置 6 目，黑空减少 1 目。

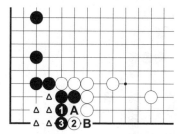

2-144 正解图 黑 1 弯增加三角位置 5 目，白空减少 2 目；后续黑 A 与白 B 交换是黑先手权利。白先下见参考图；黑棋 1 位的官子计算方法是黑棋增加 5 目加上白棋减少 2 目。得出结论：黑 1 抢占了白棋的先手，所以是逆收 7 目官子。

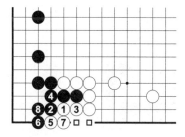

2-144 参考图 白 1 夹是此处最佳收官手段，与正解图相比较白空增加方形位置 2 目，黑空减少 5 目。

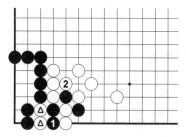

2-145 正解图 黑 1 提子增加三角位置 4 目，白空减少 3 目；白先下见参考图；黑棋 1 位的官子计算方法是黑棋增加 4 目加上白棋减少 3 目。得出结论：黑 1 是先手 7 目官子。

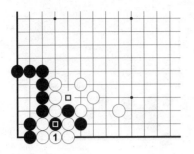

2-145 参考图 白1提子，与正解图相比较增加方形位置3目，黑空减少4目。

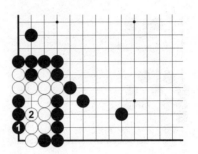

2-146 正解图 黑1先手形成双活，黑空虽无增加，但白空减少7目；白先下见参考图；黑棋1位的官子计算方法是黑棋增加0目加上白棋减少7目。得出结论：黑1是先手7目官子。

2-146 参考图 白1挡，与正解图相比较增加方形位置7目，黑空无变化。

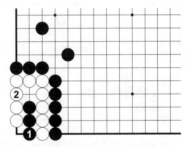

2-147 正解图 黑1先手形成双活，黑空虽无增加，但白空减少7目；白先下见参考图；黑棋1位的官子计算方法是黑棋增加0目加上白棋减少7目。得出结论：黑1是先手7目官子。

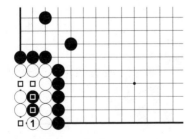

2-147 参考图 白1补棋，与正解图相比较增加方形位置7目，黑空无变化。

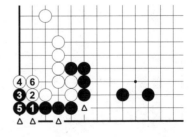

2-148 正解图 黑1增加三角位置4目，白空减少3目；白先下见参考图；黑棋1位的官子计算方法是黑棋增加4目加上白棋减少3目。得出结论：黑1是先手7目官子。

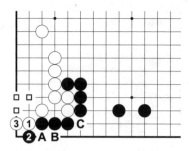

2-148 参考图 白1扳，与正解图相比较增加方形位置3目，黑空减少4目；后续白A扑，黑B位提子，黑气紧之后C位仍需连接。

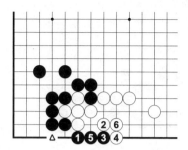

2-149 正解图 黑1先手增加三角位置1目，白空减少6目；白先下见参考图；黑棋1位的官子计算方法是黑棋增加1目加上白棋减少6目。得出结论：黑1是先手7目官子。

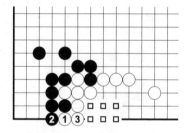

2-149 参考图 白1扳粘，与正解图相比较增加方形位置6目，黑空减少1目。

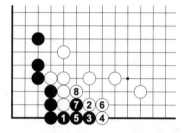

2-150 正解图 黑1先手定型，黑空虽无增加，但白空减少7目；白先下见参考图；黑棋1位的官子计算方法是黑棋增加0目加上白棋减少7目。得出结论：黑1是先手7目官子。

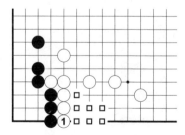

2-150 参考图 白1挡，与正解图相比较增加方形位置7目，黑空无变化。

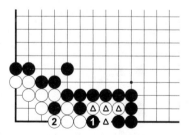

2-151 正解图 黑1先手增加三角位置7目，白空无变化；白先下见参考图；黑棋1位的官子计算方法是黑棋增加7目加上白棋减少0目。得出结论：黑1是先手7目官子。

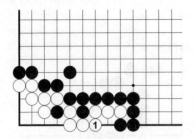

2-151 参考图 白1粘，与正解图相比较实空无增加，但黑空减少7目。

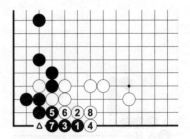

2-152 正解图 黑1先手增加三角位置1目，白空减少6目；白先下见参考图；黑棋1位的官子计算方法是黑棋增加1目加上白棋减少6目。得出结论：黑1是先手7目官子。

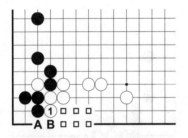

2-152 参考图 白1挡，与正解图相比较增加方形位置6目，黑空减少1目；后续一路扳粘双方均为后手，可以看成黑A与白B交换，各围各空。

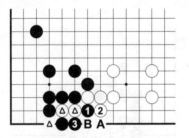

2-153 正解图 黑1增加三角位置5目，白空减少3目；后续一路扳粘双方均为后手，可以看成白A与黑B交换；白先下见参考图；黑棋1位的官子计算方法是黑棋增加5目加上白棋减少3目。得出结论：黑1是后手8目官子。

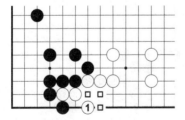

2-153 参考图 白1虎，与正解图相比较增加方形位置3目，同时黑空减少5目。

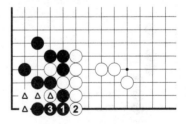

2-154 正解图 黑1增加三角位置5目，白空减少3目；白先下见参考图；黑棋1位的官子计算方法是黑棋增加5目加上白棋减少3目。得出结论：黑1是后手8目官子。

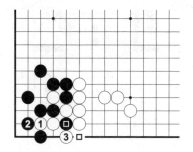

2-154 参考图　白 1 冲，与正解图相比较增加方形位置 3 目，同时黑空减少 5 目。

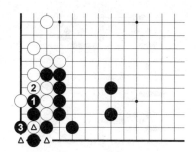

2-155 正解图　黑 1 增加三角位置 4 目，白空减少 5 目；白先下见参考图；黑棋 1 位的官子计算方法是黑棋增加 4 目加上白棋减少 5 目。得出结论：黑 1 是后手 9 目官子。

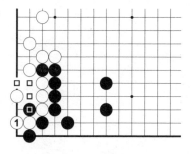

2-155 参考图　白 1 立下，与正解图相比较增加方形位置 5 目，同时黑空减少 4 目。

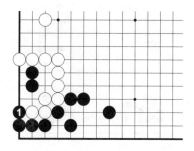

2-156 正解图　黑 1 连回实空虽无增加，但救回两子，白空减少 10 目；白先下见参考图；黑棋 1 位的官子计算方法是黑棋增加 0 目加上白棋减少 10 目。得出结论：黑 1 是后手 10 目官子。

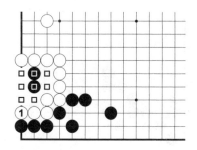

2-156 参考图　白 1 挡，与正解图相比较增加方形位置 10 目，黑空无变化。

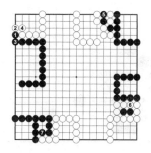

2-157 正解图　黑 1 扳粘是双先 4 目官子，目前是最大的，接下来依次为 5 位后手 6 目官子，6 位后手 4 目官子，7 位后手 1 目官子。

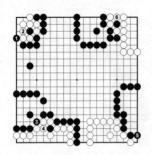

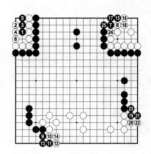

2-158 正解图 黑1打吃关乎白角死活，先手4目，黑3是双先6目，黑5是后手7目，白6是后手6目。

2-159 正解图 黑1先手双活，破坏白角7目，黑7双先6目，黑9先手收官，最后再下19位的后手6目官子，4个官子全被黑棋占到。

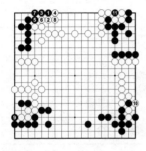

2-160 正解图 黑1大飞先手7目，黑9是后手10目，白10位提子是后手8目官子，黑11是后手6目官子。

第三章 实战官子技巧

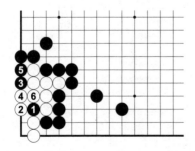

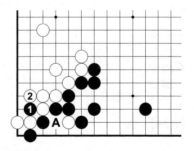

3-1 正解图 黑棋通过1位断的交换，可以顺利下在3位托；和第一步直接在5位冲相比可以多破白棋2目空。黑1如直接下在3位则会被分断。

3-2 正解图 黑1先手断，减少白棋1气，A位的断已无须再补。

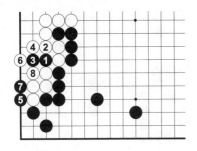

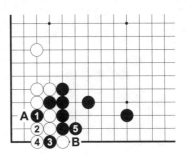

3-3 正解图 黑 1 利用白棋断点迫使白棋在空里补棋；与黑 1 直接下在 5 位扳，白 3 位虎的变化图相比破白空更多。

3-4 正解图 黑 1 先断再扑，以后白 A 位需要补棋，比黑 1 直接在 B 位挡好。

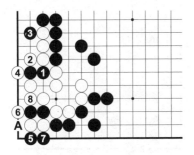

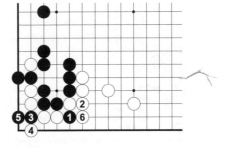

3-5 正解图 黑 1 先断再扳比直接在 3 位扳破空更多；黑 5 是第二个好手，白 6 如下在 7 位反击，黑 A 位打吃则形成打劫，白棋劫重不敢开劫。

3-6 正解图 黑 1、3 利用白棋的断点成功下出金鸡独立的棋形，白角损失惨重。有断且气紧的棋子要格外关注。

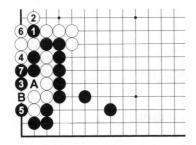

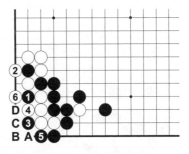

3-7 正解图 黑 1 断先手长气，再用一路小尖好手吃掉 6 颗白子；黑 1 如直接在 5 位扳吃，白下 7 位夹，黑与断相比则减少 A 与 B 位置的 2 目空。

3-8 正解图 黑 1 通过断吃减少白棋 1 气，3 位靠恰到好处，白只能打吃，黑 5 先手连回，破角成功；白以后虽有 A、C 位扑打劫的手段，但是白棋劫重打输几乎崩溃，不建议白棋开劫。

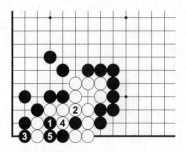

3-9 正解图　黑1断，白不入气，成功吃掉白两子，获益颇多。

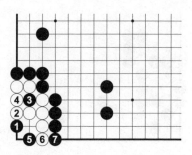

3-10 正解图　通过黑1点在二.1的好手，黑棋迫使白角变成双活；如轮到白先在此处补棋，下在5位虎是最佳的。

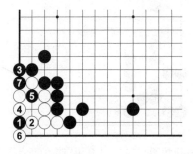

3-11 正解图　黑1点好棋，白棋为了做活只能弃子；黑1如下在3位立，白可在1位跳，黑无趣，错失破空的机会。

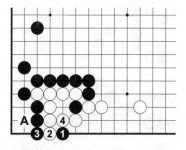

3-12 正解图　黑1点送吃一子得到3位挡先手，有效防止白棋在A位夹的收官手段；白2如在4位粘，黑下2位连回比黑1直接在一路扳粘多破白棋2目空。

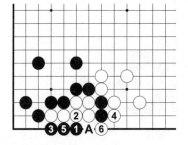

3-13 正解图　黑1点是好手，至6先手破空；黑1如下在A位打吃，白2粘，黑A位的棋子就会被吃掉，无法连回，白空则增加2目。

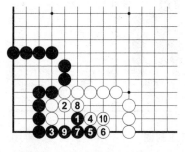

3-14 正解图　黑1点方，利用白棋的断点先手破空；白2如下在3位阻渡，黑抢占2位要点，白棋死三子损失惨重。

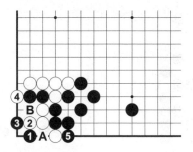

3-15 正解图　黑1点，白2挡是最强应法，黑3扳不甘示弱，至5是双方最佳的定型手段，黑破空成功；白2如粘在A位，黑下B位形成打劫对杀，白崩溃。

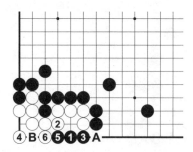

3-16 正解图　黑1是老鼠偷油的手筋，不仅是先手防止白A位扳的手段，同时使得白棋缩小到只有2目空；白4如果在5位挡，黑下B位，白棋则变成打劫活，损失更大。

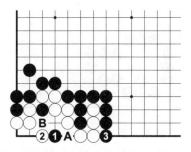

3-17 正解图　黑1点迫使白只能2位尖顶退让，黑3打吃，白棋接不归；白2如在A位粘，黑下B位长，白棋全军覆没。

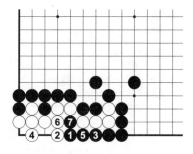

3-18 正解图　黑1点瞄着白棋的断，白2为了活棋只能弃子，黑吃四子大获成功；白2如下在7位粘，黑下3位，白整块棋将成为死棋。

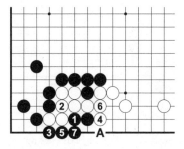

3-19 正解图　黑1挤好手，利用白气紧成功连回，以后还留有A位扳的收官手段。

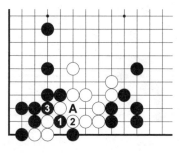

3-20 正解图　黑1挤利用白气紧的弱点成功分断三子；白2如下在3位粘，黑下A位白，损失更大。

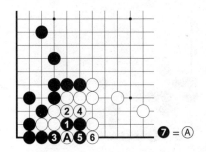 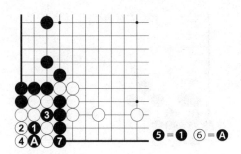

3-21 正解图 黑1挤利用白气紧和断点成功连回；白2如在3位粘，黑可下2位断，白更差。

3-22 正解图 黑1挤是收气的好棋，直接吃掉白棋几子，大获成功。

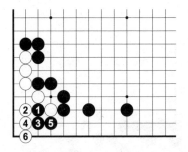 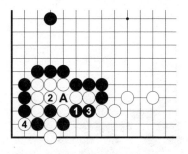

3-23 正解图 黑1挤利用白气紧的问题，先手吃掉一颗子，获利颇多；白2如下在3位，黑3则下在2位立，白整块棋会死，所以白棋无法反击。

3-24 正解图 黑1利用白气紧的弱点分断白棋，破空成功，后续黑A位提子是绝先；白2如在A位粘，黑3依然断，白损失更大。

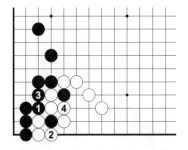 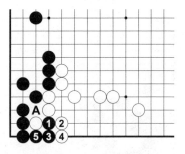

3-25 正解图 黑1先打吃再粘好次序；黑1如下3位，白2将占据1位的要点，白空则无须补棋，与黑1打吃相比白空增加2目；所以黑1打吃必不可少！

3-26 正解图 黑1挤利用自身的一路硬腿最大限度地进入白空，后续还有A位提子的机会；白2如粘在A位，黑下5位连回，白落后手，更亏。

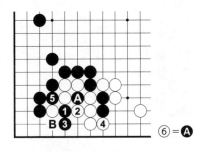

3-27 正解图 黑1打吃利用白棋气紧的问题，先手进入白空；黑1如果在B位普通扳则错失大好机会。

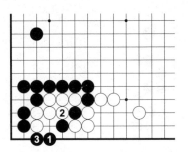

3-28 正解图 黑1小尖好棋，白棋只能退让；白2如果下在3位挡，黑棋粘在2位，白几颗子被吃，损失更大。

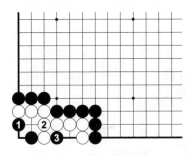

3-29 正解图 黑1小尖先手做眼，3紧气成为双活，破空成功，白无反击手段。

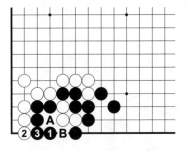

3-30 正解图 黑1小尖是此时围空的好棋；黑1如在B位打吃，白下3位，黑只能在A位提子，与正解图相比，黑将会减少A与B位置的2目空；黑1如在2位扳，白可以在1位小尖反杀黑棋。

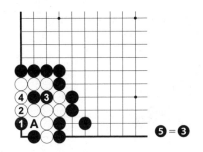

3-31 正解图 黑1小尖之后送吃减少白棋的气，最终成为双活；白2如在A位打吃反击，黑下4位开劫，白崩溃。

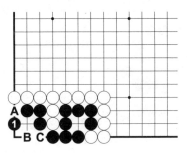

3-32 正解图 黑1小尖是此时围空最多的好手，黑空以后无须补棋；黑1如下在A位挡看似很大，其实内有隐患，后续白下B位，黑C位粘，白下1位小尖可形成双活，黑亏。

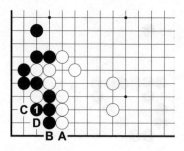

3-33 正解图　黑1打吃，白棋脱先，后续黑有A位扳的先手便宜，白2如不脱先，下在A位立将会落后手，黑满意；黑1如下在B、C、D中任意一点，白A位立则变为先手，黑将失去A位扳的权利。

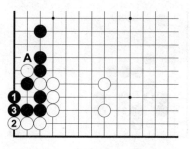

3-34 正解图　黑1做眼是围空最多的下法；黑1如在A位普通打吃，被白下在3位，黑将损失更多的空。

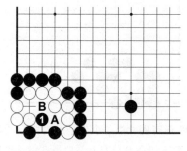

3-35 正解图　黑1虎，白脱先，角部形成双活；以后黑A是先手便宜；白2如在B位挡可以增加1目，但是后手。

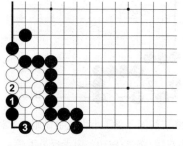

3-36 正解图　黑1先冲既能缩短白棋的气又能多破白棋的空；如果1直接下在3位做眼虽然也能双活，但是白2下在1位挡，白空将增加2目。

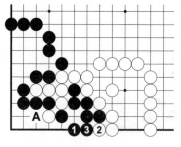

3-37 正解图　黑1做眼是围空最多的好棋；黑1如果在A位打吃，白棋则可以在3位托进入黑空；黑1如果下在2位挡想多围空，白下1位点黑棋崩溃，不仅没空还要被吃。所以下棋不能贪心！

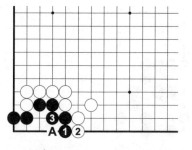

3-38 正解图　黑1立下围空最多，角里有5目空；黑1如在3位粘，被白下在1位扳，角里只有3目；黑1如在A位虎，被白下在2位立，角里也只有3目。

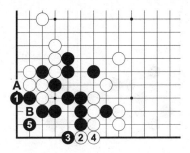

3-39 正解图 黑1立下，白2扳粘的时候黑可以在5位虎，黑角有11目，后续黑有A位冲的先手权利；黑1如在B位粘，见参考图。

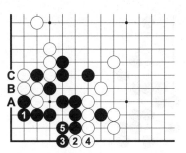

3-39 参考图 黑1粘，白棋2、4扳粘先手权利，后续黑A与白B算双方立下，黑角只有10目，与正解图相比黑棋减少1目，白棋增加C位1目，总共相差2目。

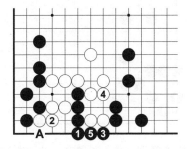

3-40 正解图 黑1立下，白2粘阻渡，黑3扳一路连回，营救成功；白2如下在3位立阻渡，黑下A位打吃就可连回。

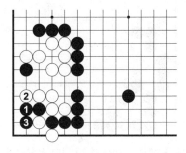

3-41 正解图 黑1立下，白2挡退让，黑破角成功；白2如在3位挡，黑下2位拐会出棋，白整块棋陷入险境，白2不敢反击。

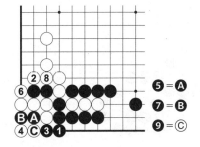

3-42 正解图 黑1立下，白2收气，至9黑成功破角；黑3如在6位打吃，见参考图。白2如在3位粘对杀气不够。

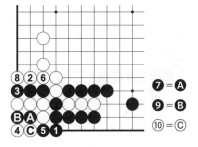

3-42 参考图 黑3打吃自撞公气，忽略了白10倒扑的手筋，黑进角失败。

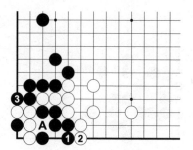

3-43 正解图 黑1立下做眼，白2正常应对，黑3挡形成双活；白2如在A位打吃会形成劫杀，白不敢冒险。

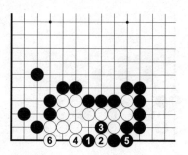

3-44 正解图 黑1跳是好棋，白棋为了做活只能送吃一子，行至6黑先手得利。白2如直接挡在4位，被黑1路粘就会被吃。

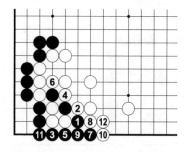

3-45 正解图 黑1连扳，白无从抵抗，只能打吃，至12黑先手破空；黑9也可在12位扳打劫，但是此劫黑也很重，不建议开劫。

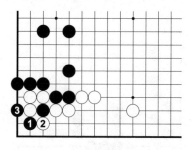

3-46 正解图 黑1利用自身的一路硬腿可以直接扳进白空里，白只能退让，黑3成功连回。

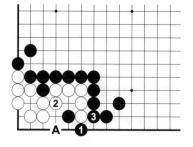

3-47 正解图 黑1扳，白2粘是正着，后续双方收官都在A位小尖。

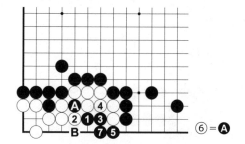

3-48 正解图 黑1打吃利用白气紧的问题成功连回，后续留有B位扳打劫破空的机会。

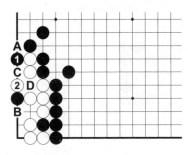

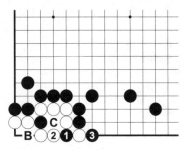

3-49 正解图 黑1扳,白2打吃,黑3脱先,黑先手破空;后续定型为黑A,白B,黑C,白D,因为黑A不是绝先,所以黑3暂时脱先。白2如在C位挡,被黑在D位倒扑,白全军覆没!

3-50 正解图 黑1先扑再挡,缩短白气,导致白4不敢粘在1位,否则被黑下B位倒扑,白整块被吃;后续定型为黑1,白C;黑1先扑比直接在3位打吃破空更多,黑1如下3位见参考图。

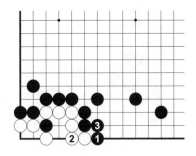

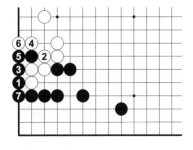

3-50 参考图 黑1直接打吃粘住,白角有6目空,正解图中白角只有4目强。所以黑1先扑势在必行。

3-51 正解图 黑1扳,白2粘,行至7黑成功连回;白2如在3位挡,黑下2位分断白棋被吃;黑1如在3位扳,见参考图。

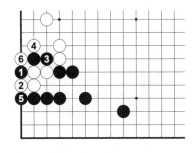

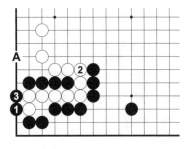

3-51 参考图 黑1扳看似和正解图中的扳很接近,实则相差甚远,黑此时的扳撞公气,被白2位挡,黑再分断时气已不够,黑失败。

3-52 正解图 黑1扳,白2粘,黑3成功救回四子;后续黑可下A位小飞收官;白2如在3位挡,黑下2位分断,白棋被吃。

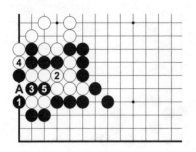

3-53 正解图 黑1扳，白2打吃正着，黑3吃两子收获颇丰；白2如在3位粘，黑下A位，白棋整块被吃。

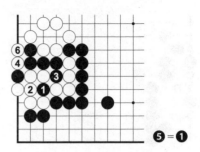

5 = ①

3-54 正解图 黑1扑利用白气紧的缺陷使得白接不归，黑大获成功；白2无从反击。

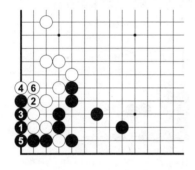

3-55 正解图 黑1扳，白2团正着，黑3先手连回，破空成功；白2如随手在3位分断，被黑下在2位打吃，白接不归。

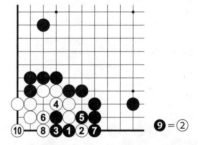

9 = ②

3-56 正解图 黑1扳，白2只能弃子做活，黑先手破空；白2如不舍得弃子，直接在4位粘，黑下9位，白整块被吃。友情提示：收官阶段，有断点和气少的棋子需要格外关注。

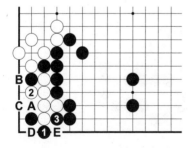

3-57 正解图 黑1扳，白2打吃，黑3连回，破空得利；黑后续定型可以下A，白B，黑C。白2如下在D位扑，黑下E位连回形成打劫，黑无忧劫不怕。

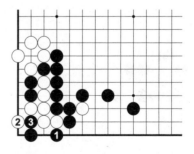

3-58 正解图 黑1扳，白2小尖是这个场合最佳的下法，黑3挤，破空成功。

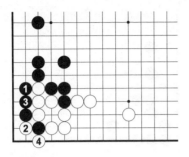

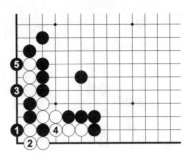

3-59 正解图 黑 1 扳渡过，白 2 是最佳应对，白 2 如在 3 位冲损失更大。

3-60 正解图 黑 1 先打吃长气再扳吃掉三子收获颇丰。白无从反击。

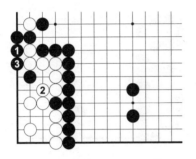

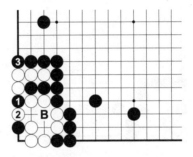

3-61 正解图 黑 1、3 成功连回，白 2 如在 3 位挡，被黑下在 2 位分断，白被吃，损失惨重。

3-62 正解图 黑 1 扑是缩短白气的好手，白 4 只能脱先放弃四子；白 4 如粘在 1 位，黑下 B 位，白整块都将被吃。

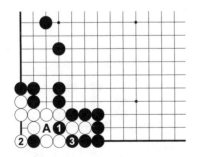

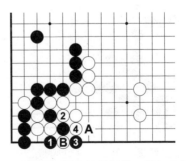

3-63 正解图 黑 1 扑，白 2 提子，黑 3 破空成功；白 2 如在 A 位提子将会变成后手活，更亏。

3-64 正解图 黑 1 扑是好棋，破空成功，黑 5 如果劫材有利，可以在 A 位扳开劫，劫材不利可以粘在 B 位。

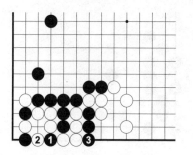

3-65 正解图 黑1利用扑下出了接不归，白4无奈脱先，白空支离破碎。

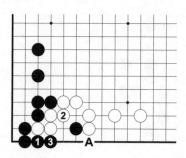

3-66 正解图 黑1、3成功连回，后续有A位扳的收官手段；白下A位不是绝先；白2如在3位挡将会被黑下在2位分断。

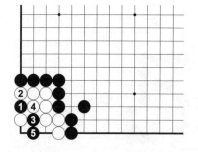

3-67 正解图 通过黑1、3的好手在白角形成双活，黑成功；白2如在5位做眼，黑2位连回，白4位挡住，虽说可以增加1目，但是后手。

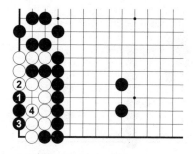

3-68 正解图 黑1是好棋，最终成为先手双活；黑1如直接在3位长也是双活，但是后手。

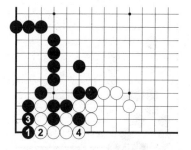

3-69 正解图 黑1点一气呵成，先手阻止了白棋在3位拐收官的手段。黑1如果下在3位打吃则会遭到白棋反击，白可以下1位，黑虽然可以打二还一，但是黑目数依然受损。

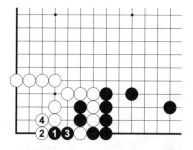

3-70 正解图 黑1托可以破掉白棋更多的空；与黑1直接在3位提子相比可以多破白棋2目空。

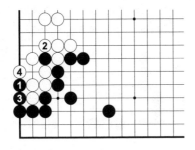

3-71 正解图 黑 1 托比直接在 3 位冲多破 2 目空，是此处最佳的下法。

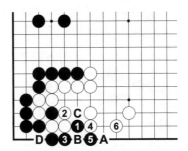

3-72 正解图 黑 1 顶是好手，先手破空；白 6 在劫材有利的情况下可以直接下 A 位打吃，劫材不利就下 6 位跳；因黑棋下 A 位是后手，所以后续定型为白 A，黑 B，白 C，黑 D。

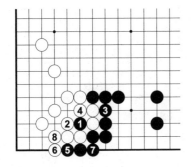

3-73 正解图 黑 1 断试应手，白 2 打吃之后，黑 3 和 5 都是先手权利；黑 1 如直接在 5 位爬，则会失去 3 位打吃的先手，亏损 2 目。白 2 如下在 4 位粘，黑下 8 位顶可以出棋。

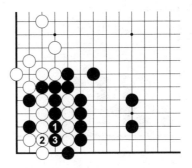

3-74 正解图 黑 1 打吃之后白不敢救四子，黑获利颇丰；黑 1 如下在 3 位打吃，白下 1 位粘之后白角没棋，黑亏损；白 2 如下在 3 位，连见参考图。

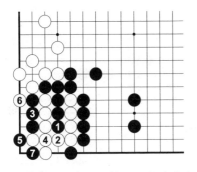

3-74 参考图 白 2 如救四子整个角部会形成打劫，白不能承受。

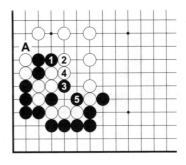

3-75 正解图 黑 1 拐长气的同时缩短白棋的气，黑 3 是好手，破空成功；白 2 如下在 4 位补棋，黑可在 A 位扳吃。

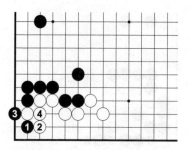

3-76 正解图 黑1夹先手便宜，白2如果立在3位反击，黑则可以下在4位分断白棋，白死两子，损失更大。黑1如在3位扳，白将下在1位要点，黑错失良机。

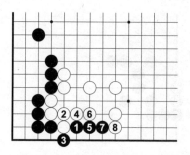

3-77 正解图 黑1夹，利用白棋的断点成功进入白空；白2如下在3位反击，黑下2位分断，白损失更大。

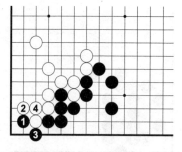

3-78 正解图 黑1夹，利用白棋的断点先手连回；白2如在3位立，黑可下4位分断，白两子被吃。

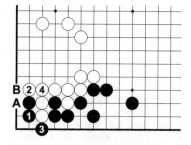

3-79 正解图 黑1夹，白2虎，黑3先手连回，破角成功；后续黑可在A位立下收官，黑如在B位扳会遭到白棋反击，白下A位扑，黑得不偿失。

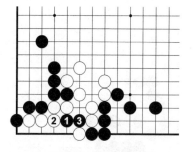

3-80 正解图 黑1夹，利用白有断且气紧的问题成功出棋；白2如在3位粘，黑下2位损失更大。

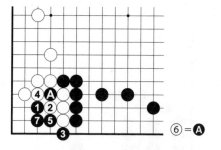

3-81 正解图 黑1小尖是好棋，白2打吃迫不得已，黑3再次展现手筋，行至7黑大获成功；白2如在7位托，黑可下在5位挖，白三子被吃；黑3如在5位打吃见参考图。

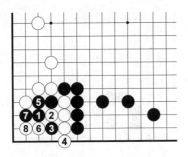

3-81 参考图 黑3打吃方向错误，导致要点被白棋占领，黑子有去无回。

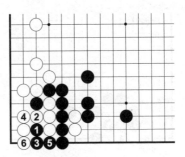

3-82 正解图 黑1挖是好手，利用黑一路硬腿成功连回；白6可根据实战情况选择脱先或挡住。

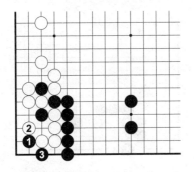

3-83 正解图 黑1靠，利用白气紧的弱点破空成功。

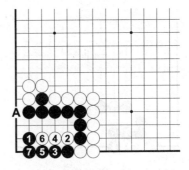

3-84 正解图 黑1跳补断成功的同时有效防止白棋A位扳的先手便宜，一子两用。黑1如在4位虎补断，白A位扳，先手破空，黑空受损。

第四章 实战官子的应用

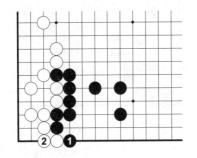

4-1 正解图 黑1先手打吃是最佳应对。

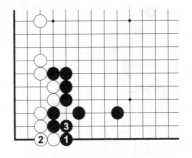

4-2 正解图 黑1打吃是最佳应对。

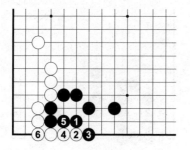

4-3 正解图 黑1跳是最佳应对，白2托将会落后手，白2如脱先见参考图。

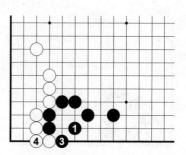

4-3 参考图 白2脱先，黑3打吃是先手权利，白2是否脱先取决于实战剩余官子的价值。

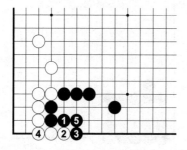

4-4 正解图 黑1退是最佳应对，如在2位挡，见参考图；黑1如在5位跳，白棋3位托，先手破空，黑实空反而受损，黑5位跳只能在白一路托是后手的情况下使用。

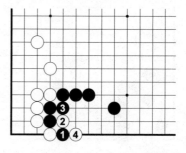

4-4 参考图 黑挡一路之后被白断吃，黑空损失更大；气少且有断的棋子要特别小心。

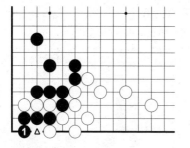

4-5 正解图 黑1弯是最佳围空手段，如在三角位置挡见参考图。

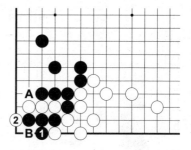

4-5 参考图 黑1随手挡会引发打劫，黑空损失极大；黑1如在A位打吃虽然安全，但白下B位，黑空亏损。

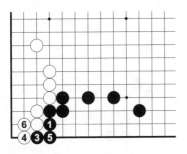

4-6 正解图　黑1位挡最大限度围空，白2脱先，后续黑3先手扳粘；白2如在5位扳，黑将变成先手。

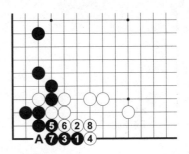

4-7 正解图　黑棋大飞先手收官，行至8告一段落（这就是著名的仙鹤大伸腿）。如白先在此处收官，下在5位挡，后续收官为双方立下，黑立在A位，白立在7位。

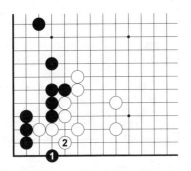

4-8 正解图　黑1小飞先手破空，比大飞好。

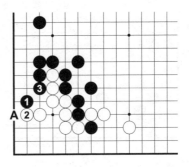

4-9 正解图　黑1小飞是好手，后续留有A位扳的先手官子。

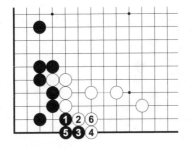

4-10 正解图　黑1虎至5行云流水，先手得利。

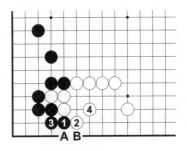

4-11 正解图　黑1先手扳粘，比在二路立更佳，扳粘先手的情况下首选扳粘收官；后续定型可以看成黑A与白B交换。

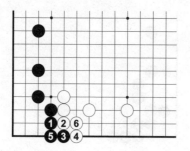

4-12 正解图 黑 1 立先手收官；黑 1 如在 2 位扳则会落后手，黑不满。

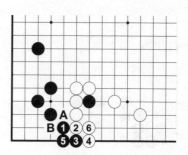

4-13 正解图 黑 1 小尖先手收官，后续白 A 与黑 B 的交换是白先手权利；白先下，见参考图。

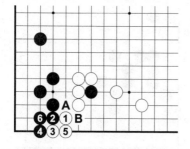

4-13 参考图 白先下也是在二路小尖定型，后续黑 A 与白 B 的交换是黑先手权利。

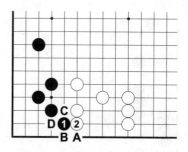

4-14 正解图 黑 1 小尖之后脱先，如继续在 A 位扳粘则会落后手，和上题不同；下棋时需仔细观察分辨。后续定型为白 A，黑 B，白 C，黑 D。

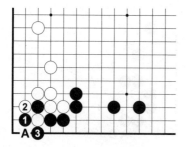

4-15 正解图 黑 1 反打成功进角，后续白留有 A 位开劫的手段，需根据实战情况选择是否打劫。

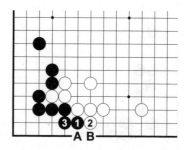

4-16 正解图 黑 1 扳粘定型，后续一路扳粘均为后手，可以看成双方立下，黑 A，白 B 定型。白先在此处收官也是二路扳粘。

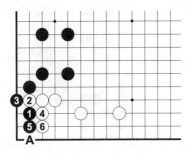

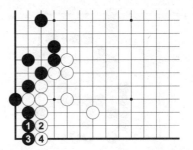

4-17 正解图　黑 1 跳先手破空，后续黑留有 A 位立的大官子，可根据实战情况选择是否立刻在 A 位立。

4-18 正解图　黑 1 立先手破空。白 4 是逆收 7 目官子，实战中如有比逆收 7 目大的官子，白 4 可以脱先。

第五章　全局官子实战练习

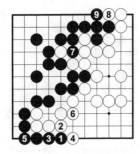

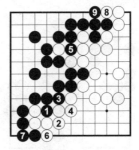

5-1 正解图　黑 1 位跳是好棋，最终结果黑棋 36 目，白棋 34 目，黑胜 2 目。

5-1 失败图　黑 1 是俗手，帮白棋补毛病，错失进入白空的机会；导致最终结果黑棋 36 目，白棋 36 目，和棋黑失败。

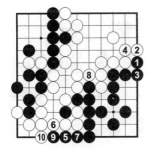

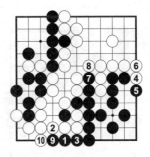

5-2 正解图　黑 1 先手扳粘，最终结果黑棋 31 目，白棋 29 目，黑胜 2 目。黑 5 如在 8 位冲，白脱先在 7 位挡，结果和现在一样。

5-2 失败图　黑 1 错失先手官子，所以导致最终结果黑棋 30 目，白棋 30 目，和棋黑失败。

195

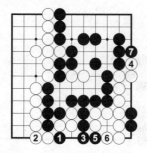

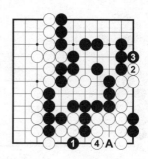

5-3 正解图 黑3立是好棋，可以多围空，最终结果黑棋37目，白棋35目，黑胜2目。白6如在7位冲，黑下6位冲，最终结果不变。

5-3 失败图 黑1吃的空小，导致最后黑36目，白36目，形成和棋黑失败。黑3如下在4位反击，白棋A位挡住，黑再下3位挡形成一个单片劫，因黑棋劫材不够，所以双方目数没有变化。

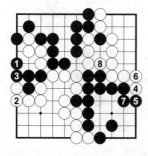

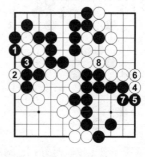

5-4 正解图 黑1小尖是好棋，比直接打吃增加2目，最终结果黑棋34目，白棋32目，黑胜2目。黑7如在8位冲，白下在7位断吃，黑不利。

5-4 失败图 黑1打吃亏，两目棋，导致最终结果黑棋32目，白棋32目，和棋黑失败。

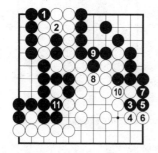

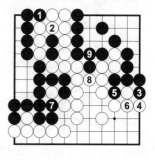

5-5 正解图 黑3挤是手筋，最终结果黑棋27目，白棋26目，黑胜1目。

5-5 失败图 黑3是俗手，导致最终结果黑棋27目，白棋28目，白胜1目，黑失败。

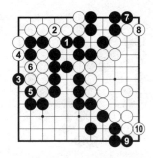

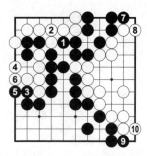

5-6 正解图 黑 1 非常机敏，是双先 2 目，黑棋靠着 3 位托的手筋最终获得 31 目，白棋 29 目，黑胜 2 目。

5-6 失败图 黑 3 是坏棋，没有预想到白棋有 4 位小尖的手筋，使得白增加 2 目棋，导致最终结果为黑棋 31 目，白棋 31 目，形成和棋，黑失败。

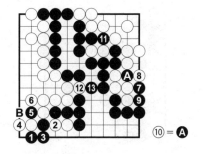

⑩ = Ⓐ

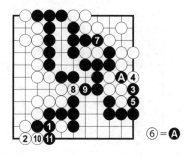

⑥ = Ⓐ

5-7 正解图 黑 1 连扳是争先手的好棋，最终黑棋 29 目，白棋 27 目，黑胜 2 目。实战中需要注意白 4 有 B 位虎的手段，威胁黑棋要打劫，黑需要根据实际情况判断是否补棋。

5-7 失败图 黑 1 粘普通，被白下在 2 位立，导致最终结果为黑 28 目，白 30 目，黑输 2 目失败。

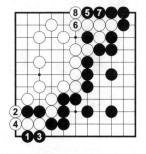

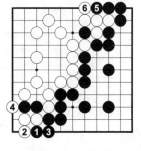

5-8 正解图 黑棋 1 位夹和 5 位托都是手筋，可以破坏白棋更多的空，最终结果为黑棋 39 目，白棋 37 目，黑胜 2 目。

5-8 失败图 黑 1 和 5 都没有下出手筋，导致白棋增加很多空，最终结果为黑棋 39 目，白棋 42 目，白胜 3 目，黑失败。

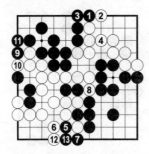

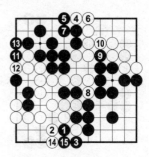

5-9 正解图 黑1先手扳粘，然后下到5位的大官子，黑棋胜势，最终结果为黑棋32目，白棋31目，黑胜1目。

5-9 失败图 黑棋没下到双先官子，导致最终结果为黑棋30目，白棋32目，白胜2目，黑失败。

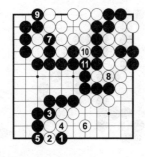

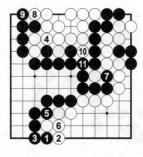

5-10 正解图 黑1位点是好棋，先手阻止白棋扳粘，最终结果为黑棋32目，白棋31目，黑胜1目。

5-10 失败图 黑1位扳粘落后手，导致白棋下到4位官子，最终结果为黑棋29目，白棋30目，白胜1目，黑失败。

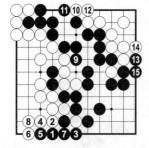

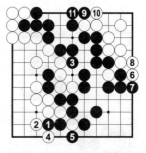

5-11 正解图 黑1位小尖是好棋，可以多破白空，白4如挡在5位开劫，白劫材不够。最终结果为黑棋31目，白棋29目，黑胜2目。

5-11 失败图 黑1长普通，导致白棋增加2目，最终结果为黑棋31目，白棋31目，和棋黑失败。

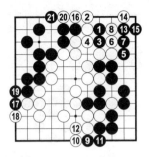

5-12 正解图 黑 1 和 3 是连环组合拳，成功打入白棋角里，最终结果为黑棋 31 目，白棋 27 目，黑胜。

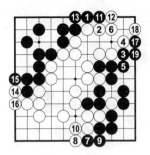

5-12 失败图 黑 1 位扳随手棋，错失夹的手筋导致最终结果为黑棋 29 目，白棋 29 目，和棋黑失败。

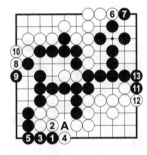

5-13 正解图 黑 1 位点是好棋，白 2 只能退让；白 2 如在 3 位挡住，黑下 A 位，白几子被吃。最终结果为黑棋 25 目，白棋 24 目，黑胜 1 目。

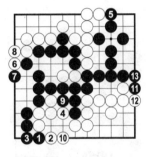

5-13 失败图 黑 1、3 扳粘看似先手，实际亏损，导致最终结果为黑棋 26 目，白棋 26 目，和棋黑失败。

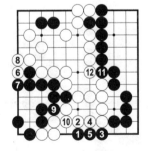

5-14 正解图 黑 1 点是手筋，白棋只能退让，白 2 如下在 4 位，黑可以下在 10 位挤，白死。最终结果为黑棋 31 目，白棋 30 目，黑胜 1 目。

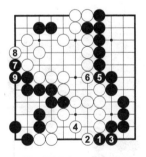

5-14 失败图 黑棋 1、3 扳粘普通，错过了得利的机会，导致最终结果为黑棋 32 目，白棋 33 目，黑输 1 目失败。

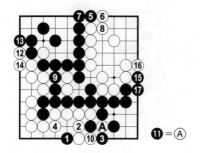

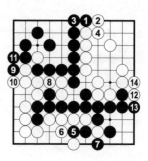

5-15 正解图 黑1位靠是手筋，先手防止白棋逃出一子，再占到9位官子，最终结果为黑棋30目，白棋29目，黑胜1目。

5-15 失败图 黑5后手导致白棋先下在8位粘，救回5目棋；最终结果为黑棋26目，白棋27目，黑输1目，失败。

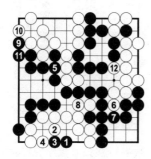

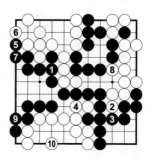

5-16 正解图 黑1点是收官的手筋，可以便宜1目棋，最终结果为黑棋18目，白棋17目，黑胜1目。

5-16 失败图 黑9没有下出手筋，导致白棋实空增加1目。最终结果为黑棋18目，白棋18目，和棋黑失败。

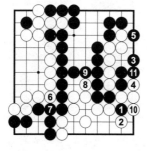

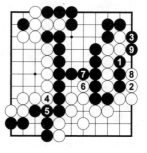

5-17 正解图 黑1位断是好棋，可以长气，利用3小尖最大限度吃掉白棋，最终结果为黑棋33目，白棋32目，黑胜1目。

5-17 失败图 黑1普通打吃看似吃掉很多空，实则亏损，导致最终结果为黑棋31目，白棋32目，白胜1目，黑失败。

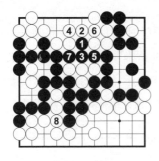

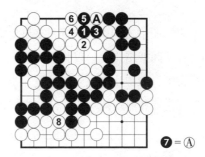

5-18 正解图 黑 1 挖是手筋，迫使白棋弃子，最终结果为黑棋 29 目，白棋 28 目，黑胜 1 目。

5-18 失败图 黑 1 位点虽然也是手筋，但是得利太小，导致最终结果为黑棋 22 目，白棋 26 目，白胜 4 目，黑失败。

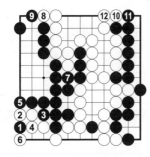

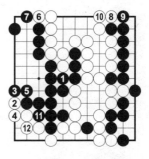

5-19 正解图 黑 1 位点先手，防止白棋扳粘便宜，后续走到 7 位大官子已获得优势，最终结果为黑棋 26 目，白棋 24 目，黑胜 2 目。

5-19 失败图 黑棋只顾着下 6 目的官子，忽略了白棋的先手扳粘，损失一个官子，导致最终结果为黑棋 24 目，白棋 24 目，形成和棋，黑失败。

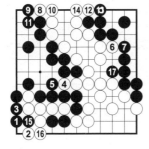

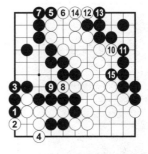

5-20 正解图 黑 1 位点是手筋，可以成功侵入白角，经此便宜，最终结果为黑棋 24 目，白棋 23 目，黑胜 1 目。

5-20 失败图 黑 1 位爬看似先手收官，实际错失良机，导致最终结果为黑棋 26 目，白棋 27 目，白胜 1 目，黑失败。

本套图书《围棋进阶练习之棋形篇》（上、中、下三册）则主要侧重围棋局部的各种"间架结构"，以弥补市面上其他优秀作品所未能涵盖的部分。通过八章专题的讲解，力图让围棋爱好者进一步具备优秀的棋形感觉。在内容的结构上，每章分例题讲解和习题精练两部分，并留有综合练习部分以供围棋爱好者巩固。

围棋进阶练习之棋形篇（上）——基础棋形
沙 砾 编著
幅面尺寸：170mm×240mm
页 数：144
书 号：ISBN 978-7-5591-1375-7
定 价：28.00元

本册主要面向级位阶段的初级爱好者。

围棋进阶练习之棋形篇（中）——常见棋形
沙 砾 编著
幅面尺寸：170mm×240mm
页 数：160
书 号：ISBN 978-7-5591-1372-6
定 价：28.00元

本册主要面向业余低段阶段的中级爱好者。

围棋进阶练习之棋形篇（下）——实战棋形
沙 砾 编著
幅面尺寸：170mm×240mm
页 数：148
书 号：ISBN 978-7-5591-1371-9
定 价：28.00元

本册主要面向业余中高段的爱好者。